BETTINA LOCKEMANN

ÉTAT D'URGENCE

PARIS, 14 NOVEMBRE 2015

SPECTOR BOOKS

LE FIGARO

lefigaro.fr

« Sans la liberté de blâmer, il n'est point d'éloge flatteur » Beaumarchais

La guerre
en plein Paris

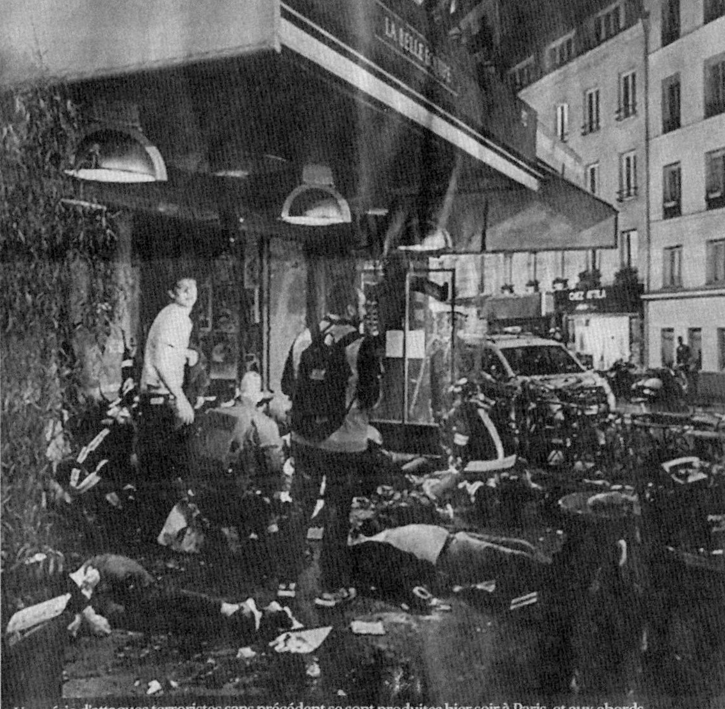

Une série d'attaques terroristes sans précédent se sont produites hier soir à Paris, et aux abords du Stade de France, faisant selon un bilan provisoire établi à 2 heures du matin au moins 120 morts et de nombreux blessés. François Hollande a annoncé à minuit qu'il décrétait l'état d'urgence et rétablissait les contrôles aux frontières. Un Conseil des ministres extraordinaire a été convoqué dans la nuit. Ces attentats ont provoqué une immense émotion dans le monde. Barack Obama, intervenant à la télévision, a estimé que ces attaques frappaient *toute l'humanité et nos valeurs universelles*.

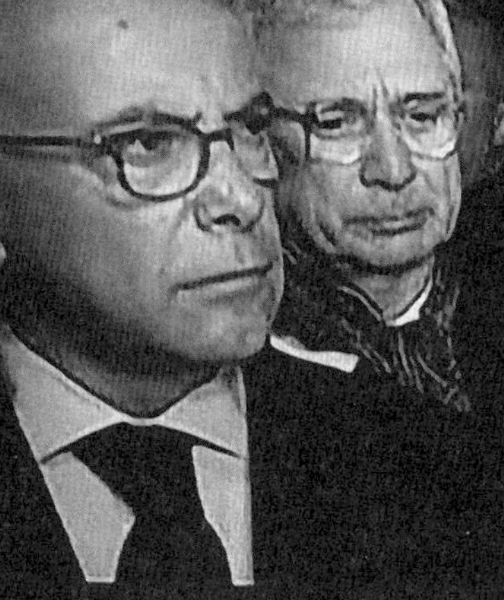

DIRECT BATACLAN
ATTAQUES À
UN NUMÉRO D'URGENCE MIS EN PLA

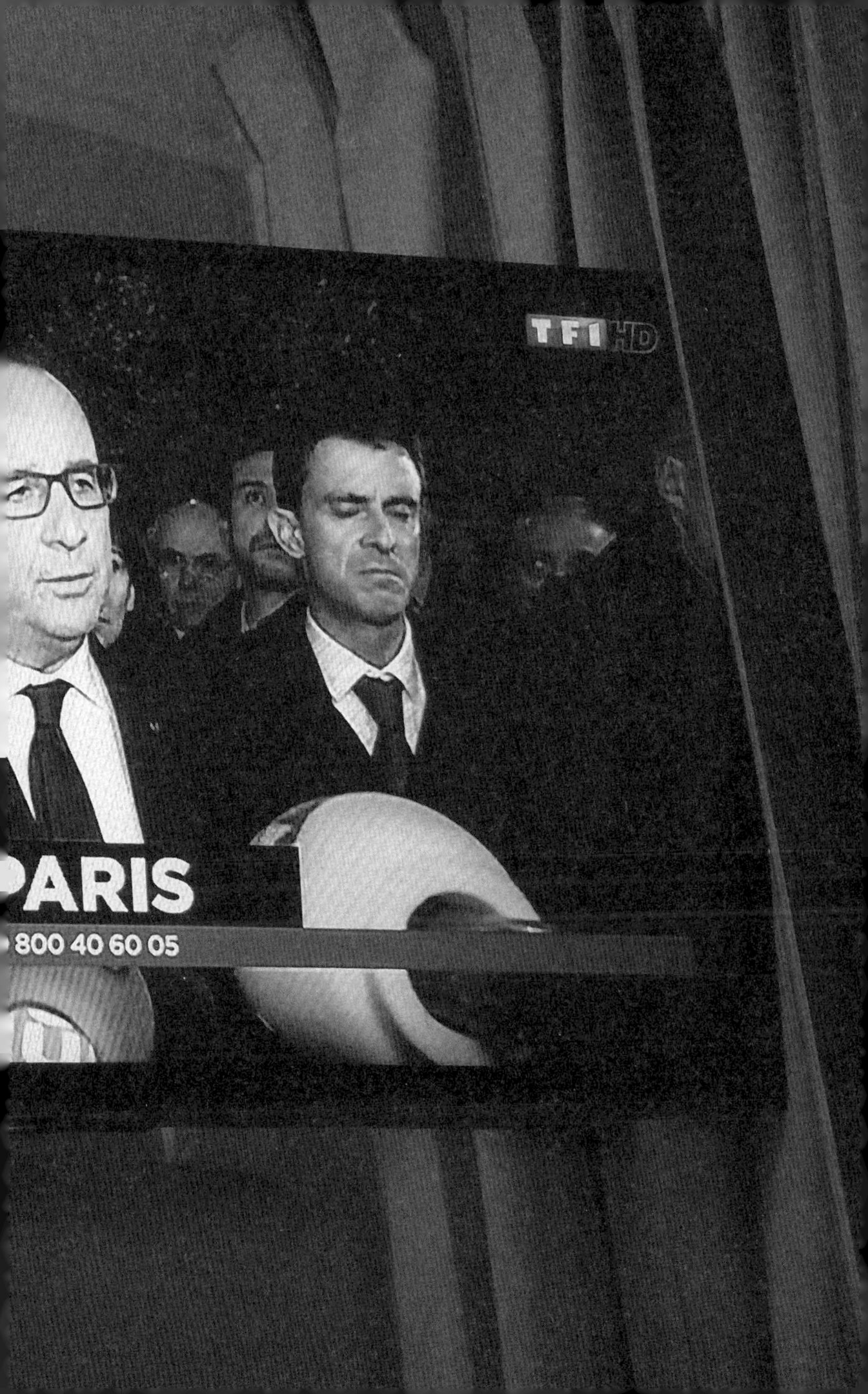

T F 1 HD
PARIS
800 40 60 05

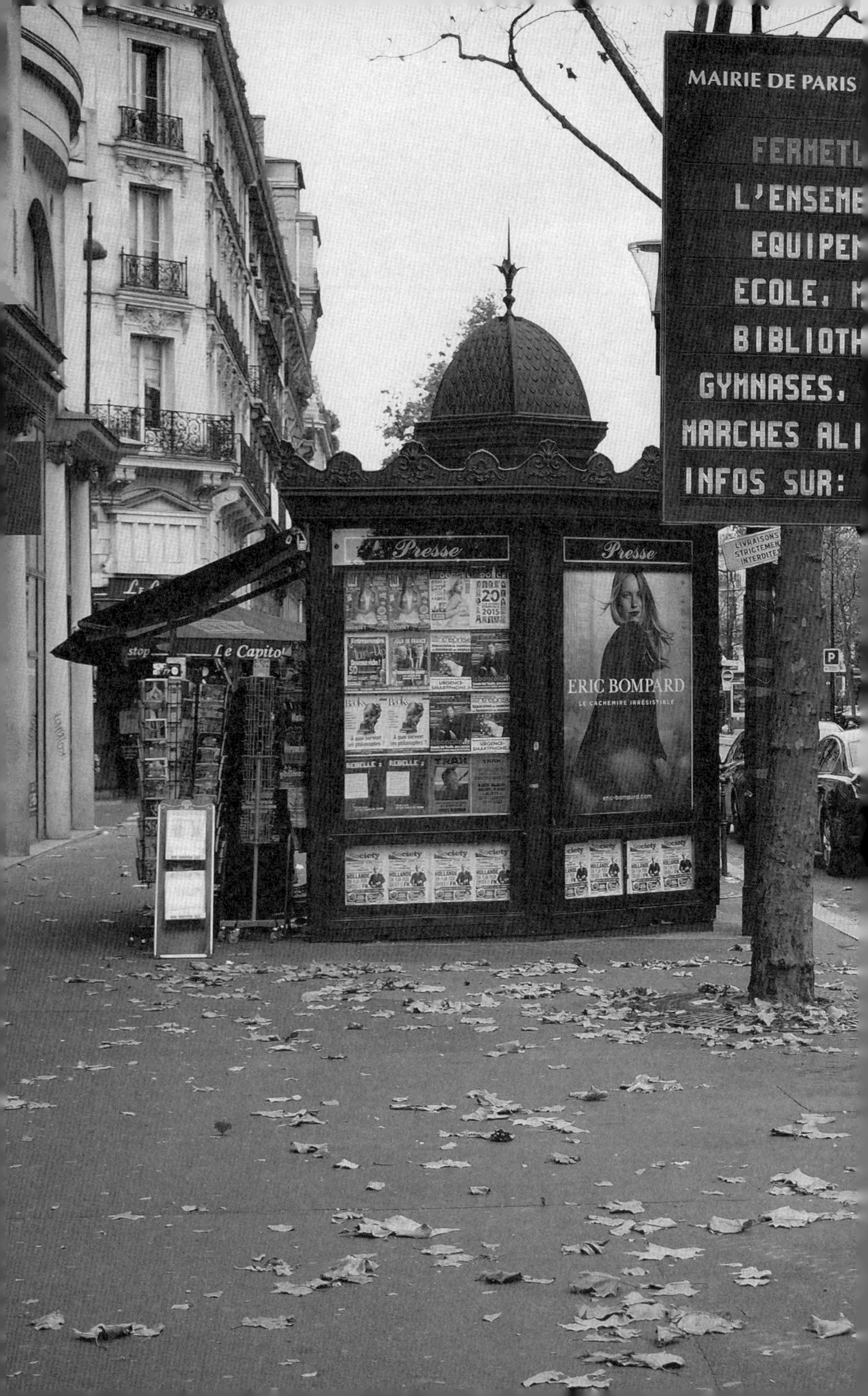

MAIRIE DE PARIS
FERMETU
L'ENSEME
EQUIPEN
ECOLE,
BIBLIOTH
GYMNASES,
MARCHES ALI
INFOS SUR:
Presse
Presse
ERIC BOMPARD
LE CACHEMIRE IRRÉSISTIBLE
eric-bompard.com
LIVRAISONS
STRICTEMEN
INTERDITE
Le Capitol
stop

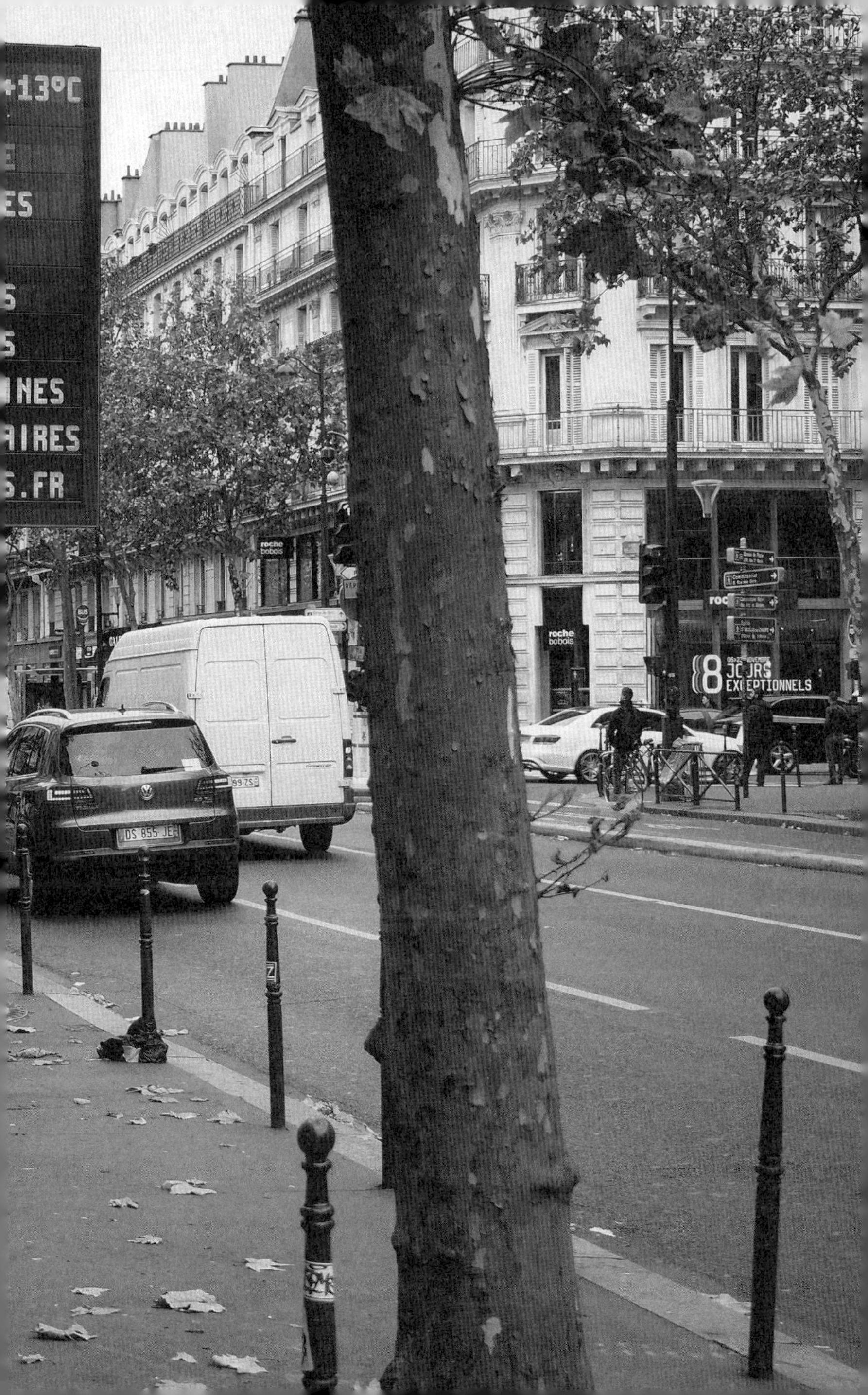

+13°C
NES
AIRES
S.FR
roche bobois
roche bobois
8 JOURS
EXCEPTIONNELS
DS 855 JE

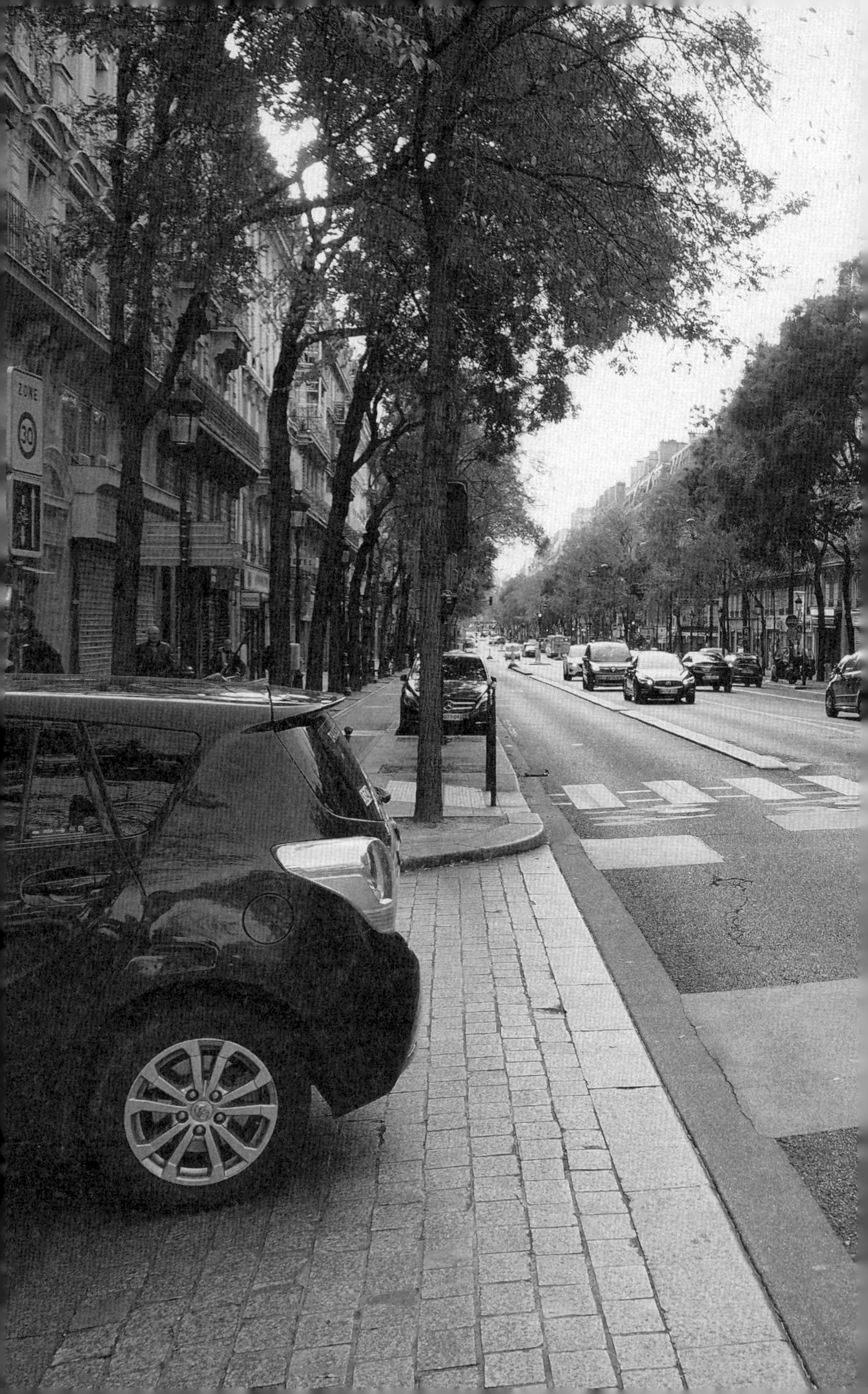

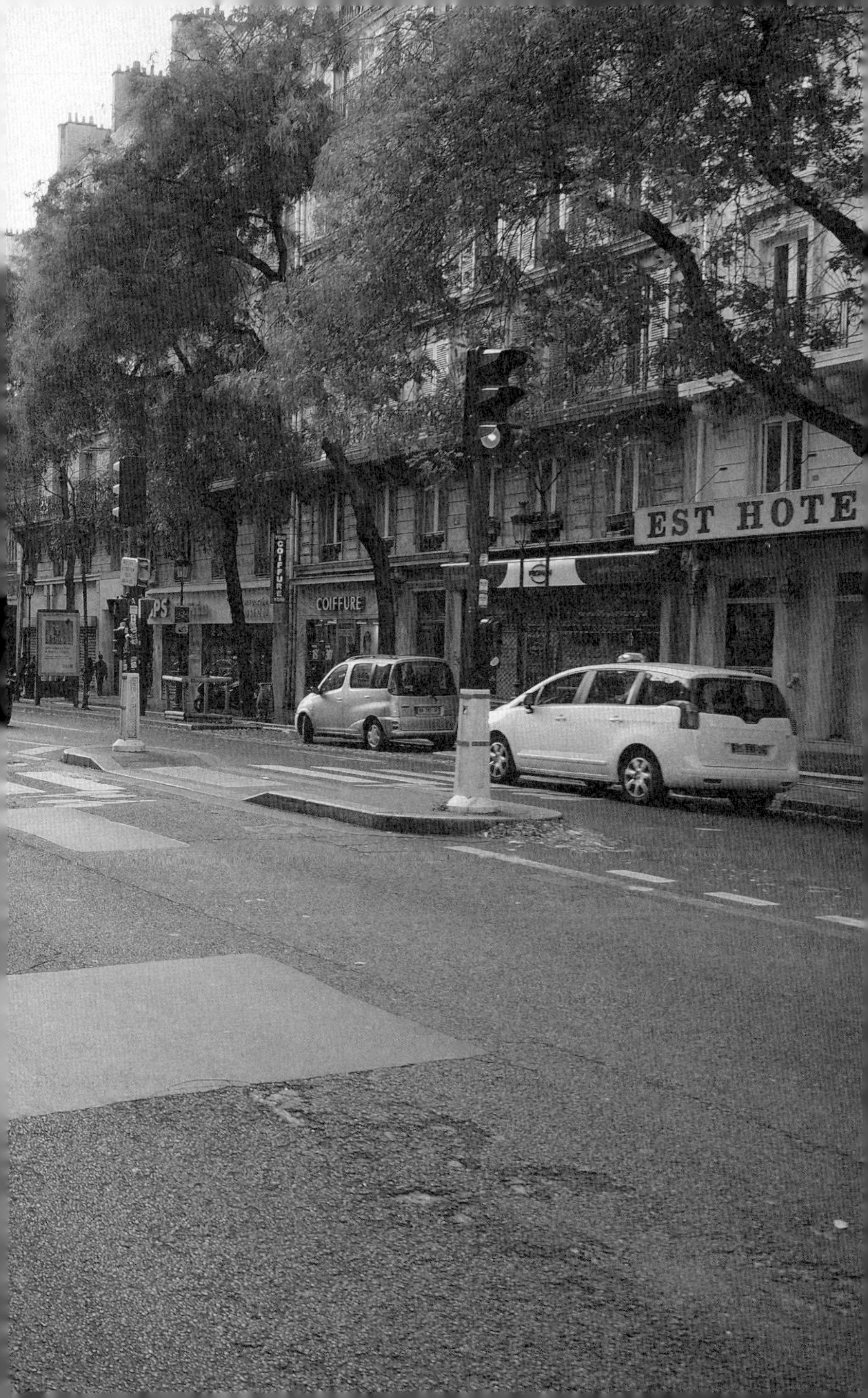

EST HOTE
COIFFURE
COIFFURE
PS

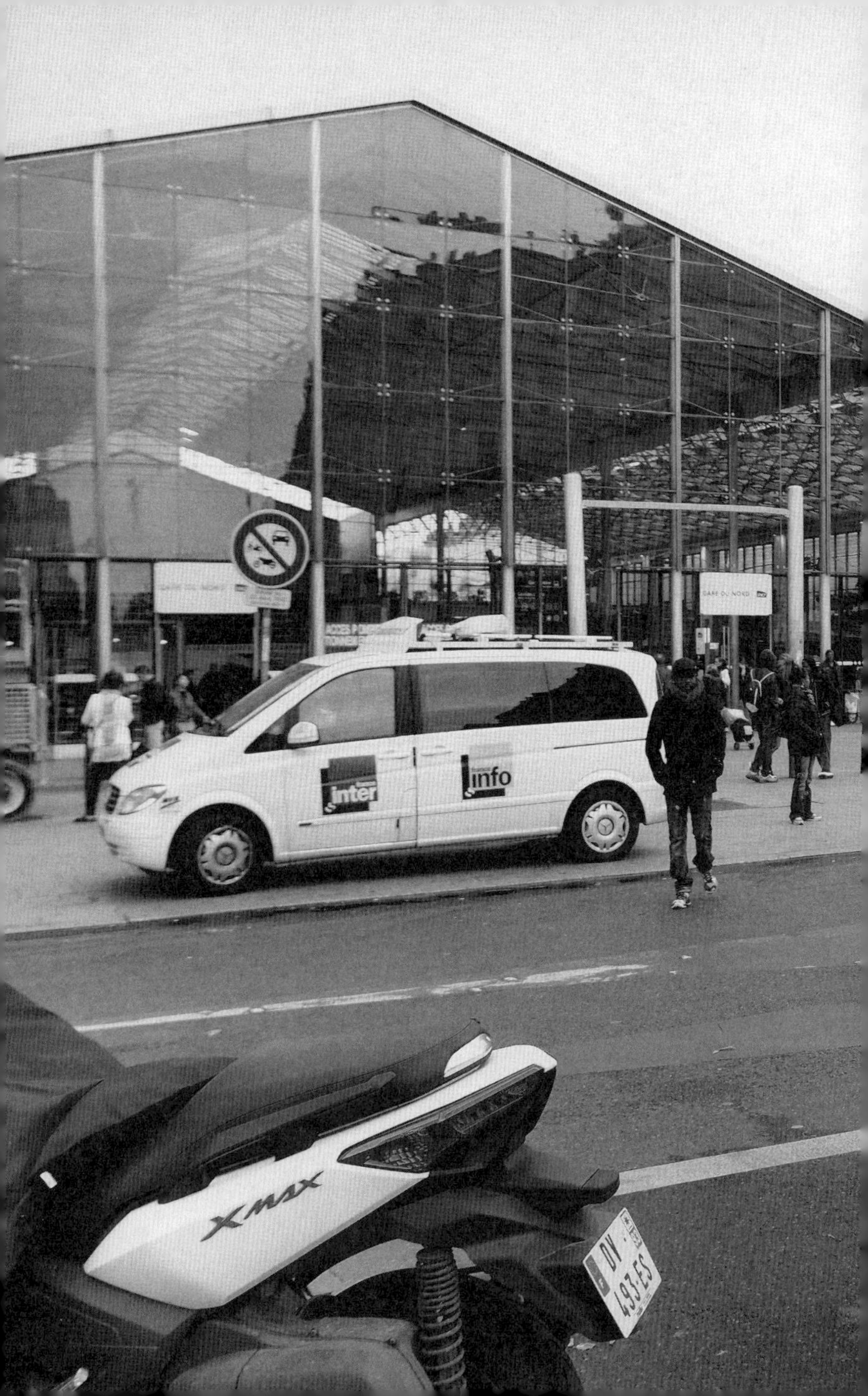

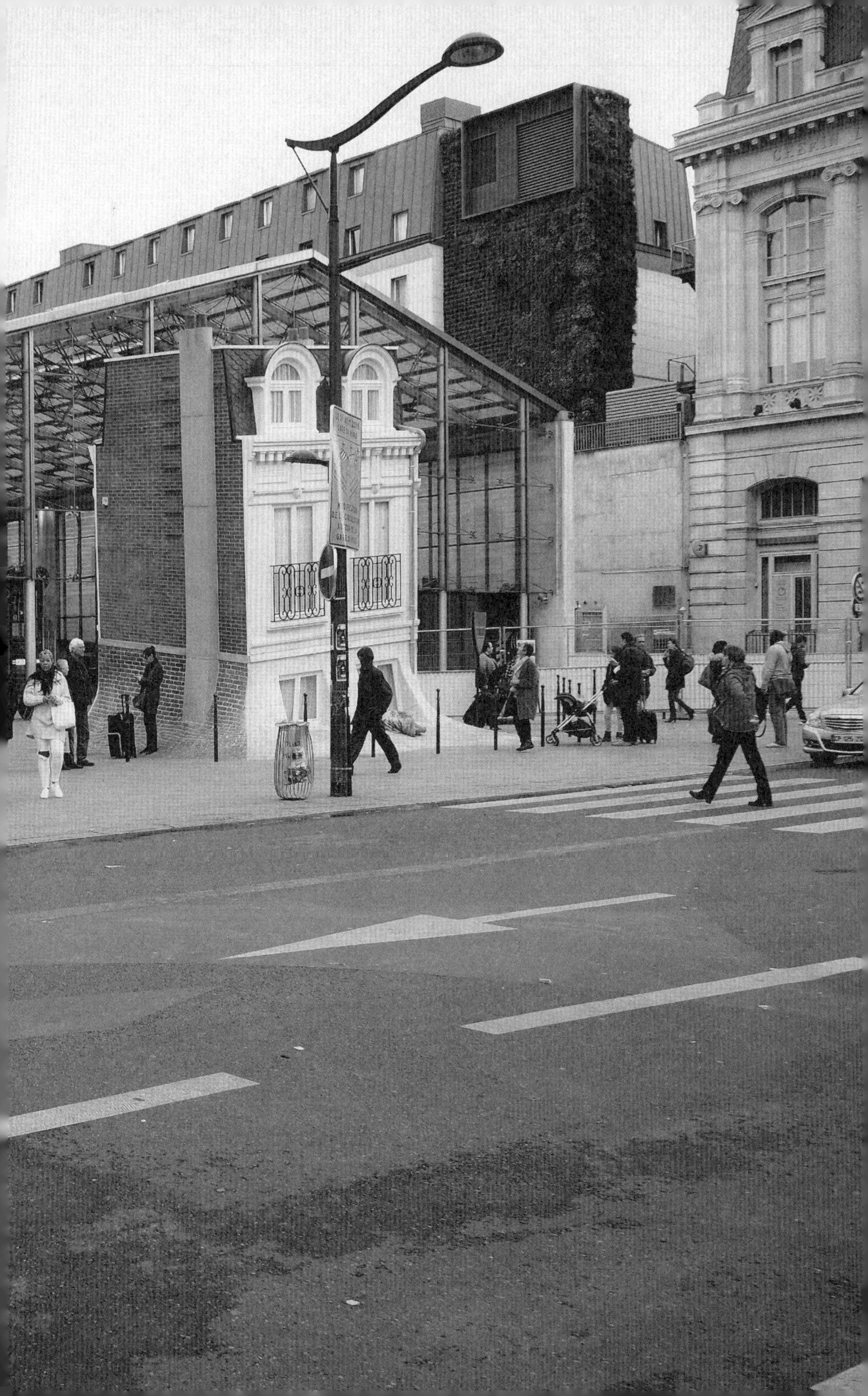

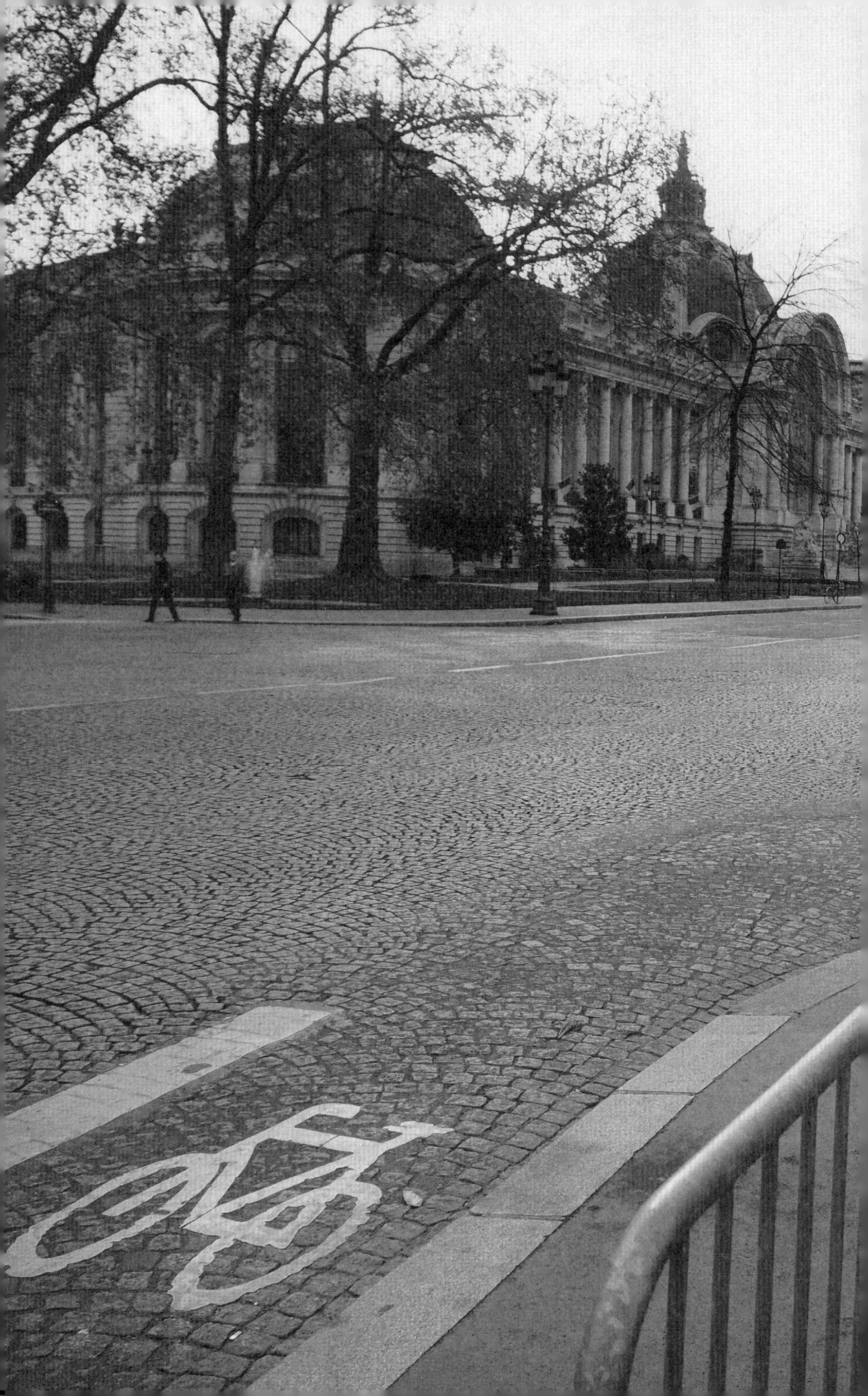

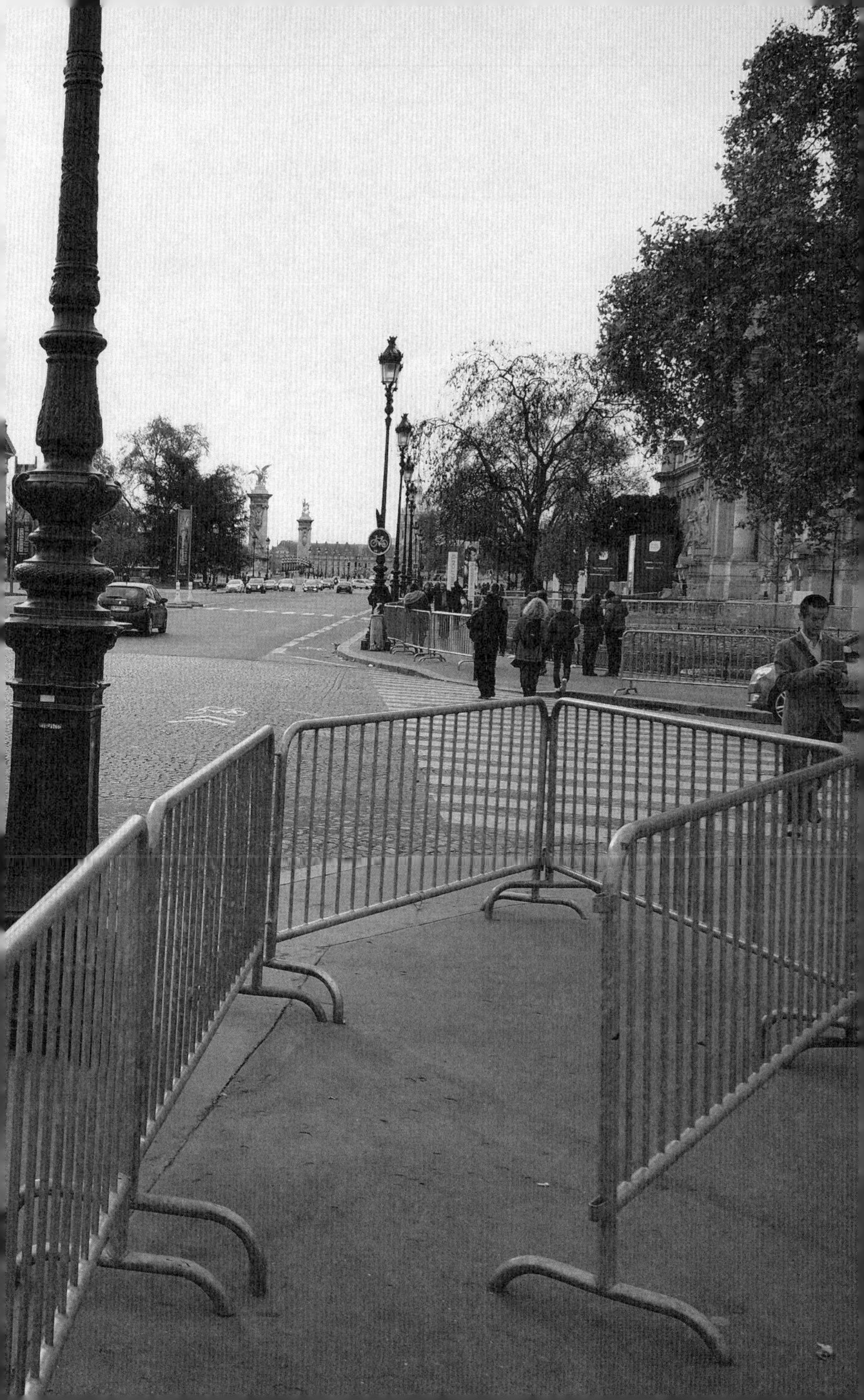

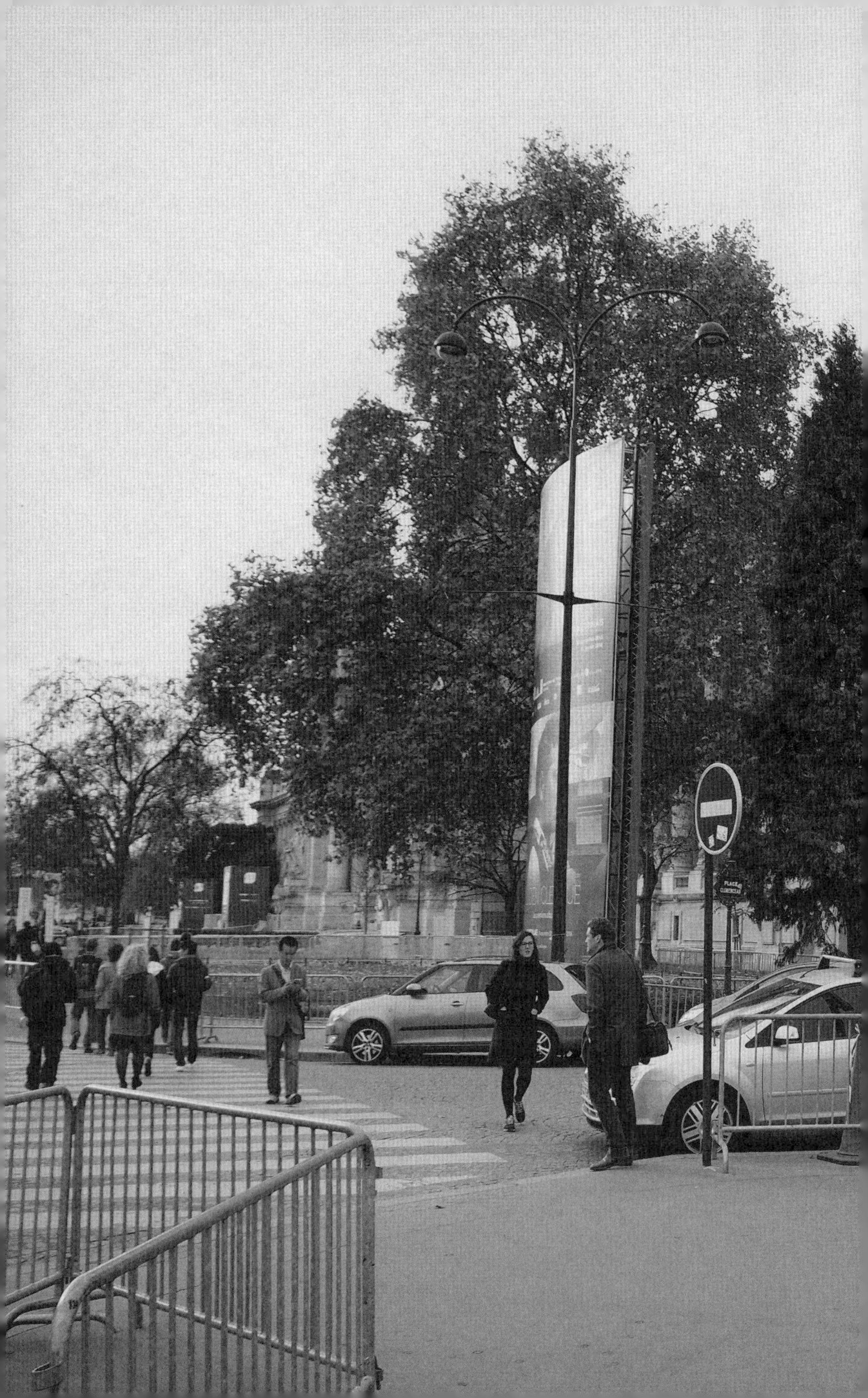

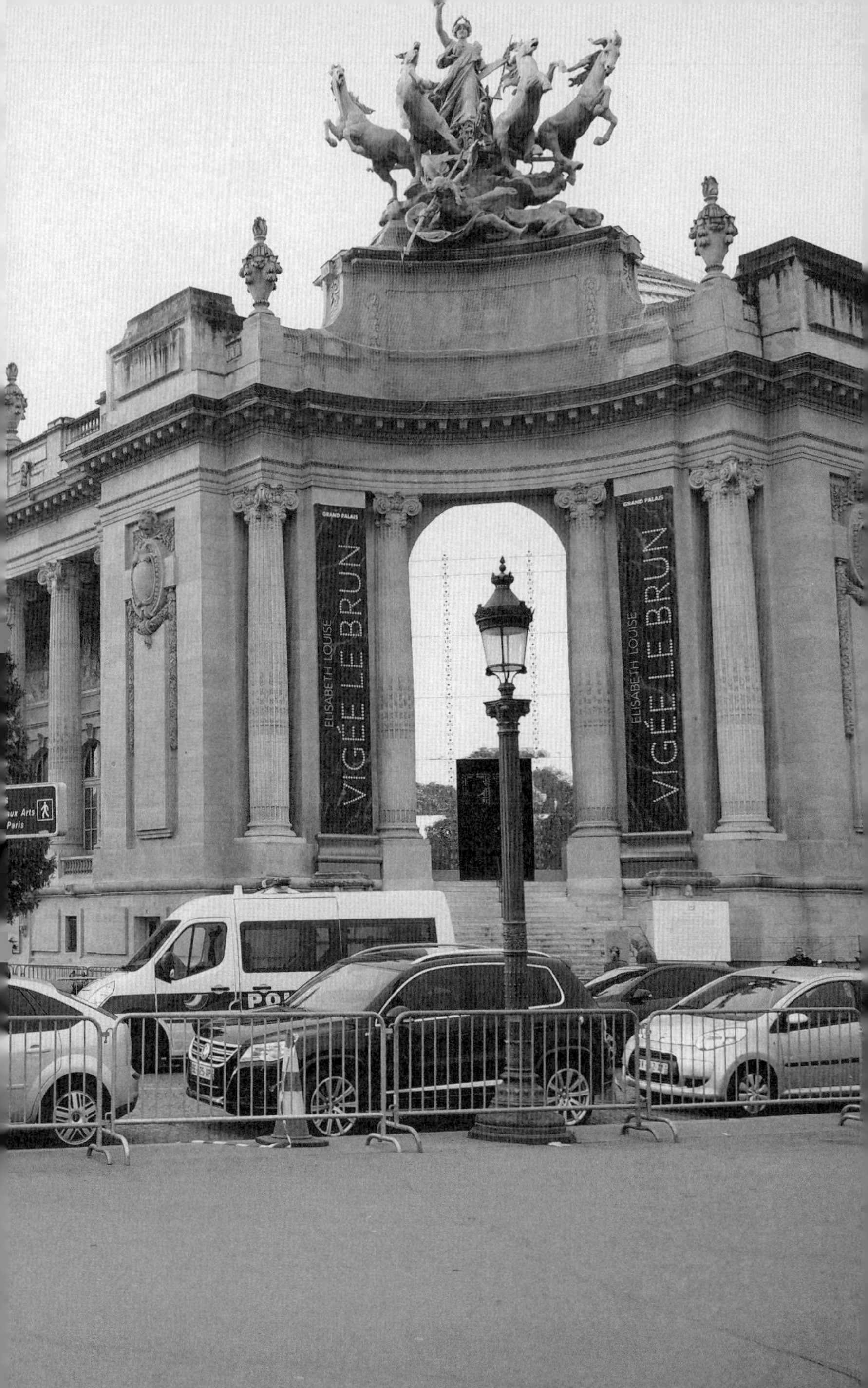

GRAND PALAIS
ELISABETH LOUISE
VIGÉE LE BRUN
GRAND PALAIS
ELISABETH LOUISE
VIGÉE LE BRUN
ux Arts
Paris
POLICE

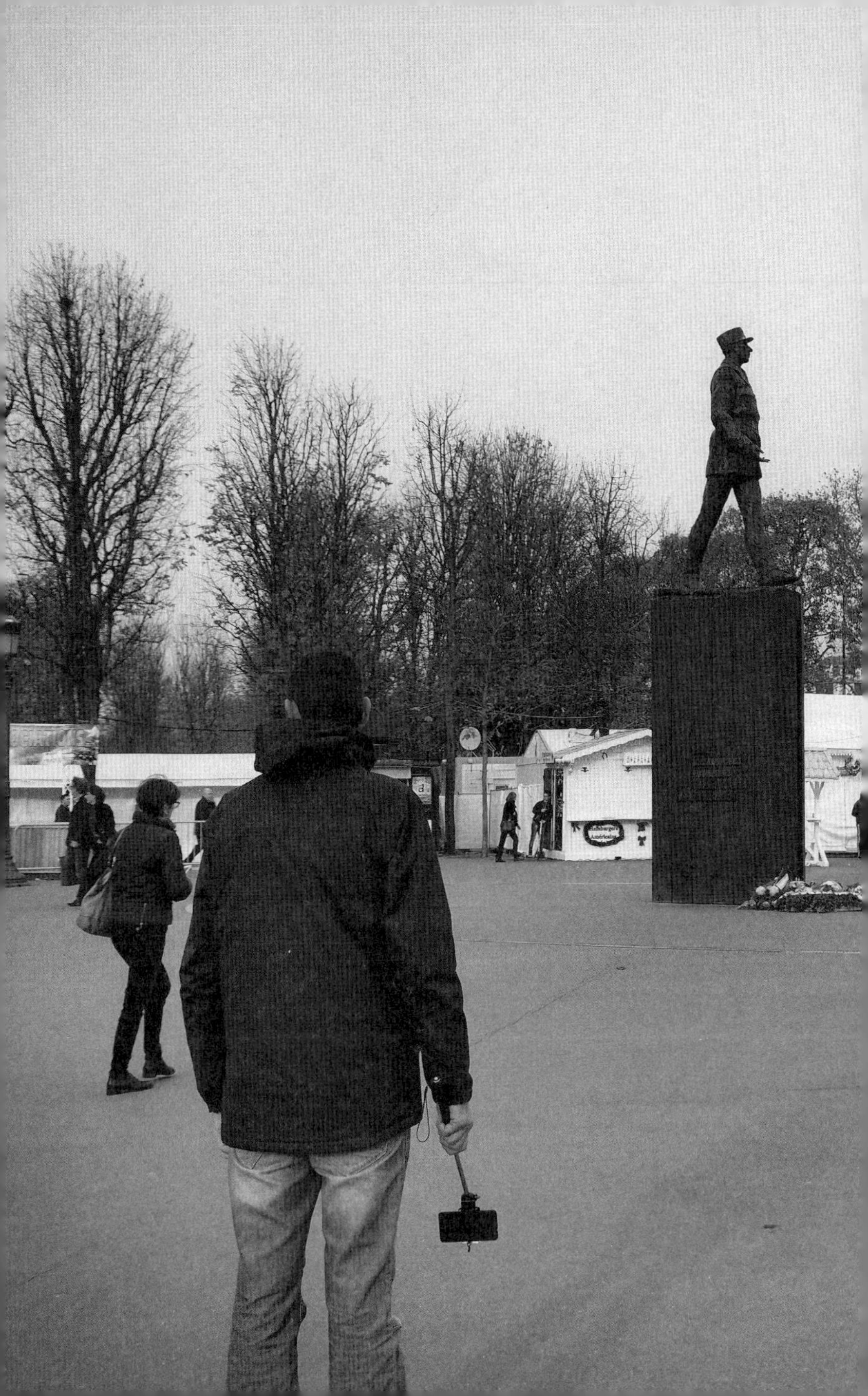

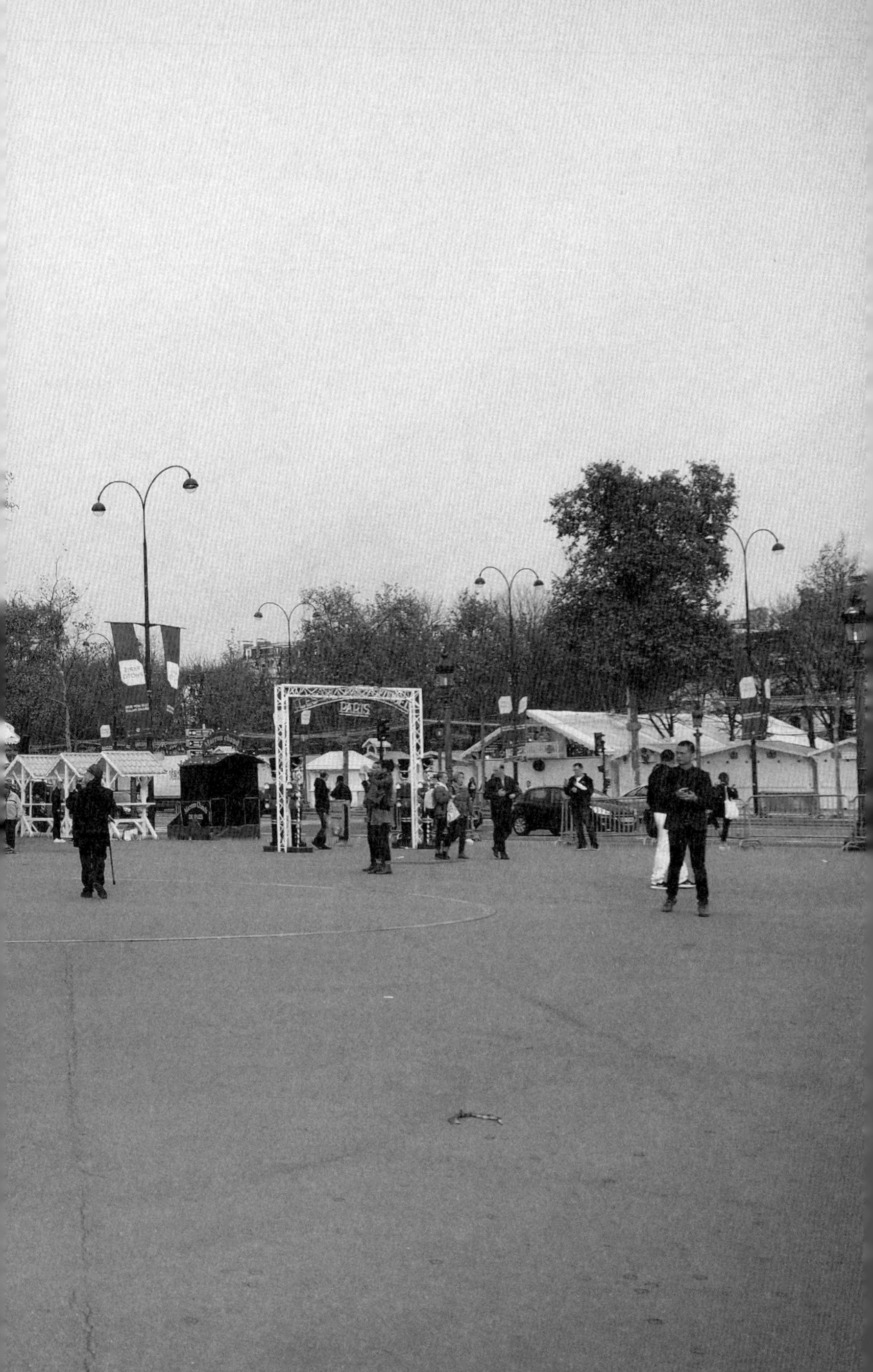

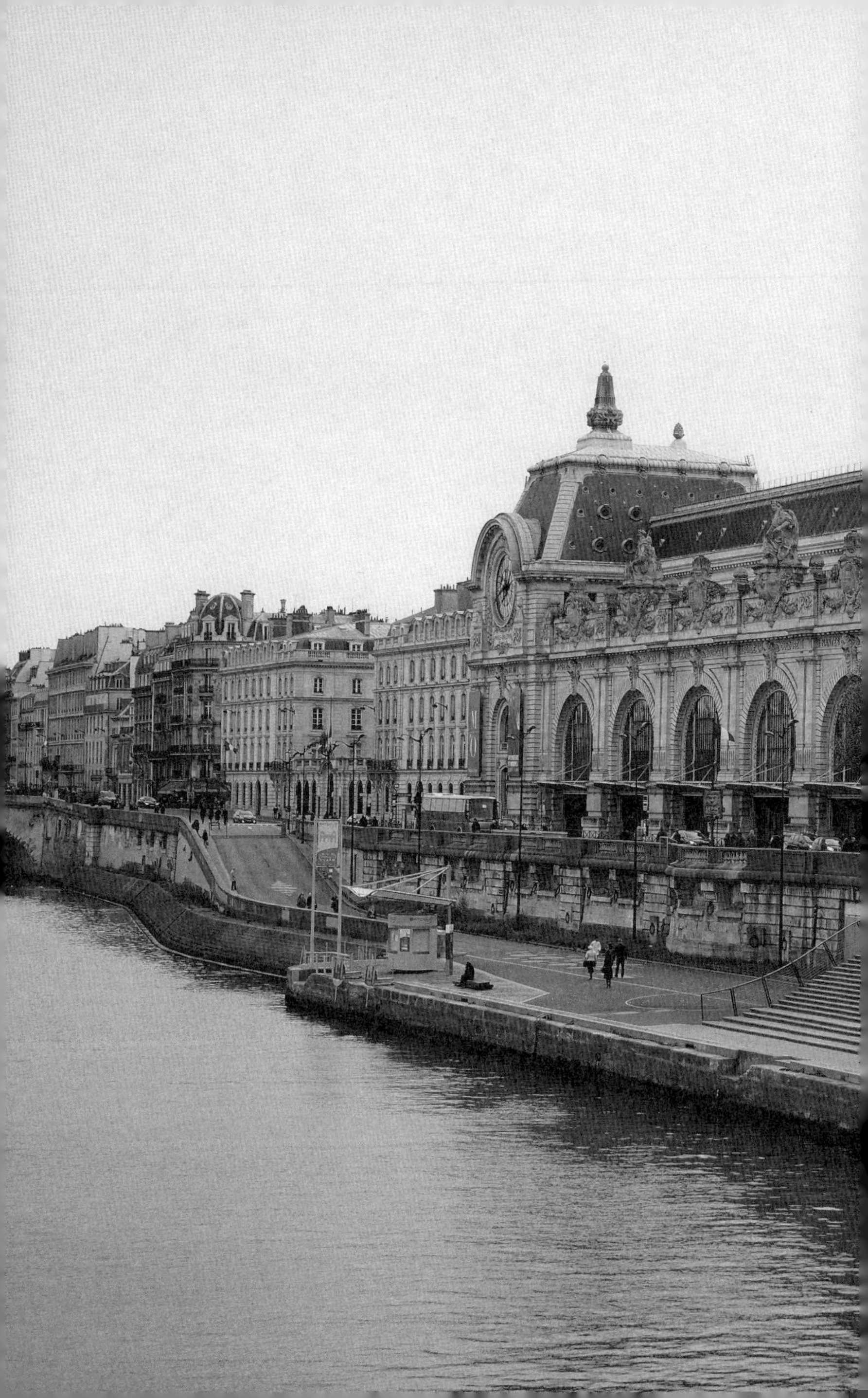

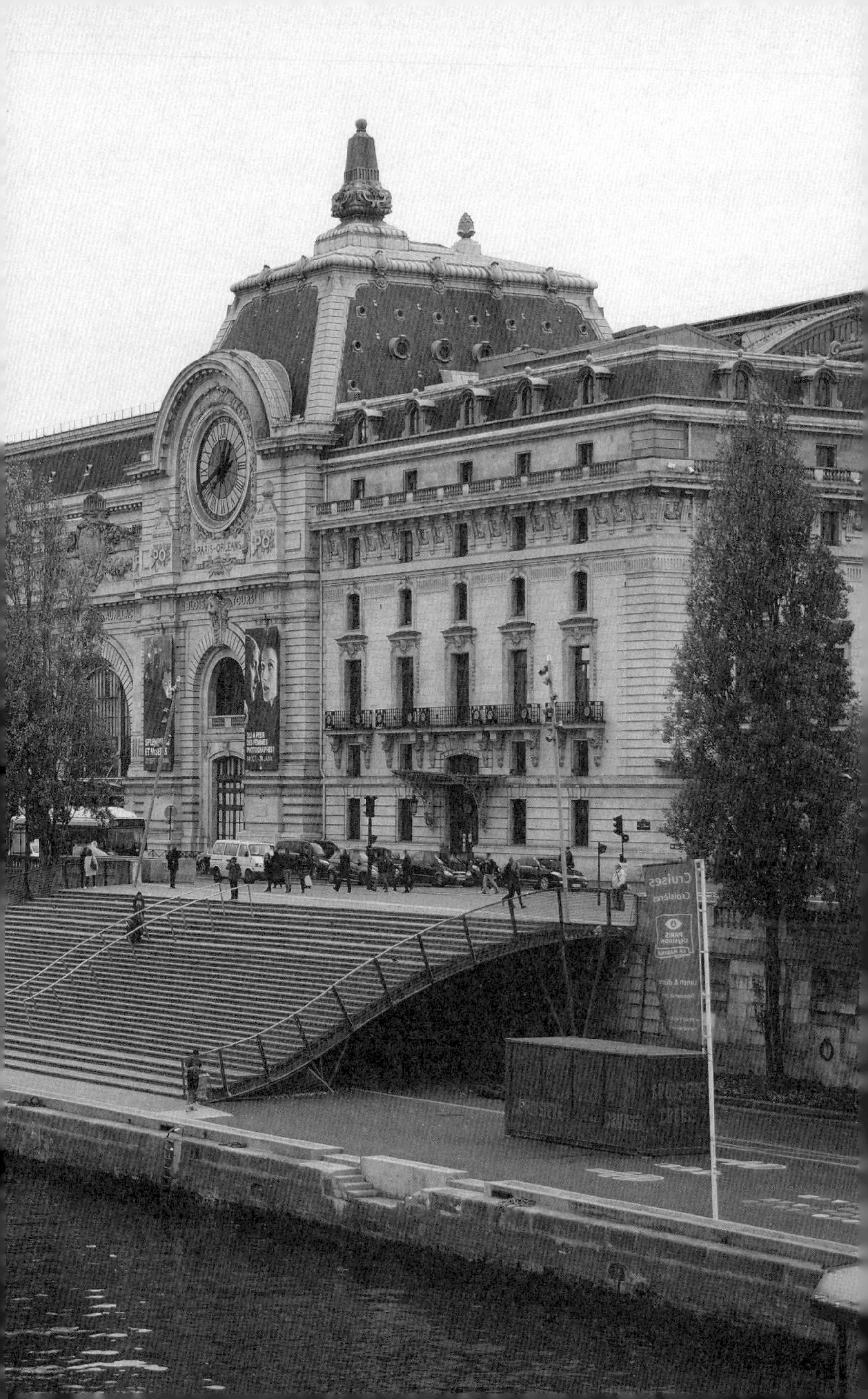

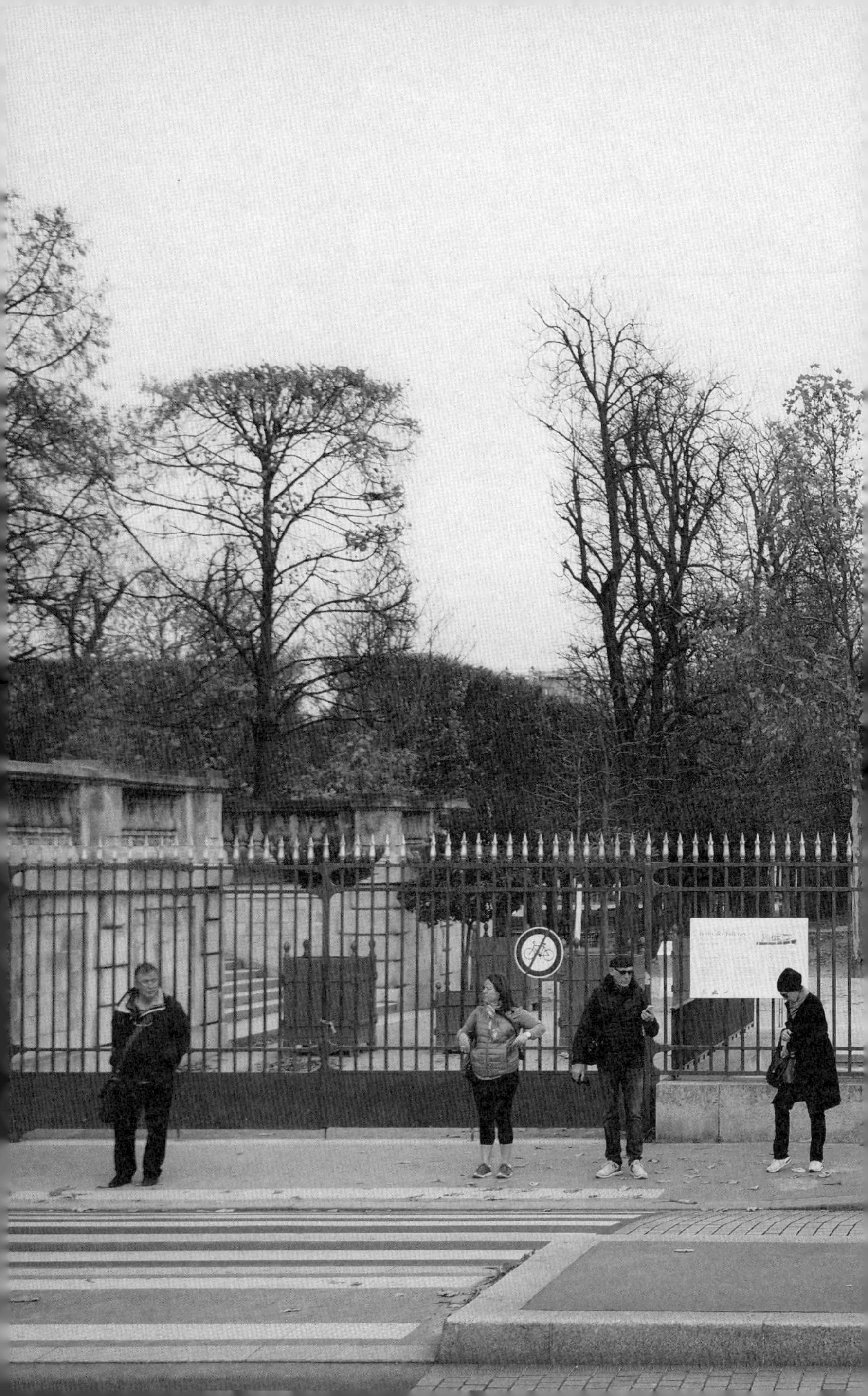

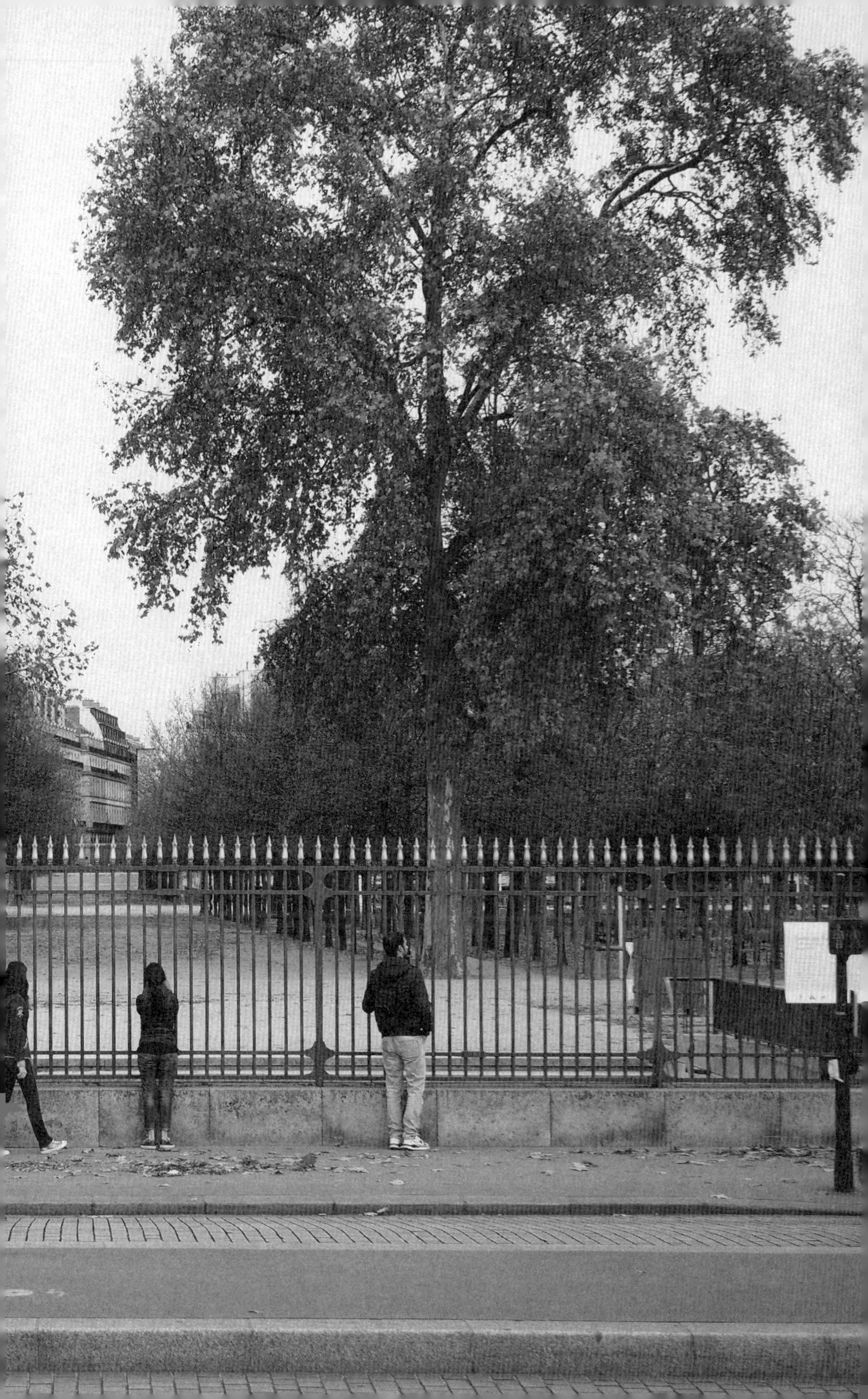

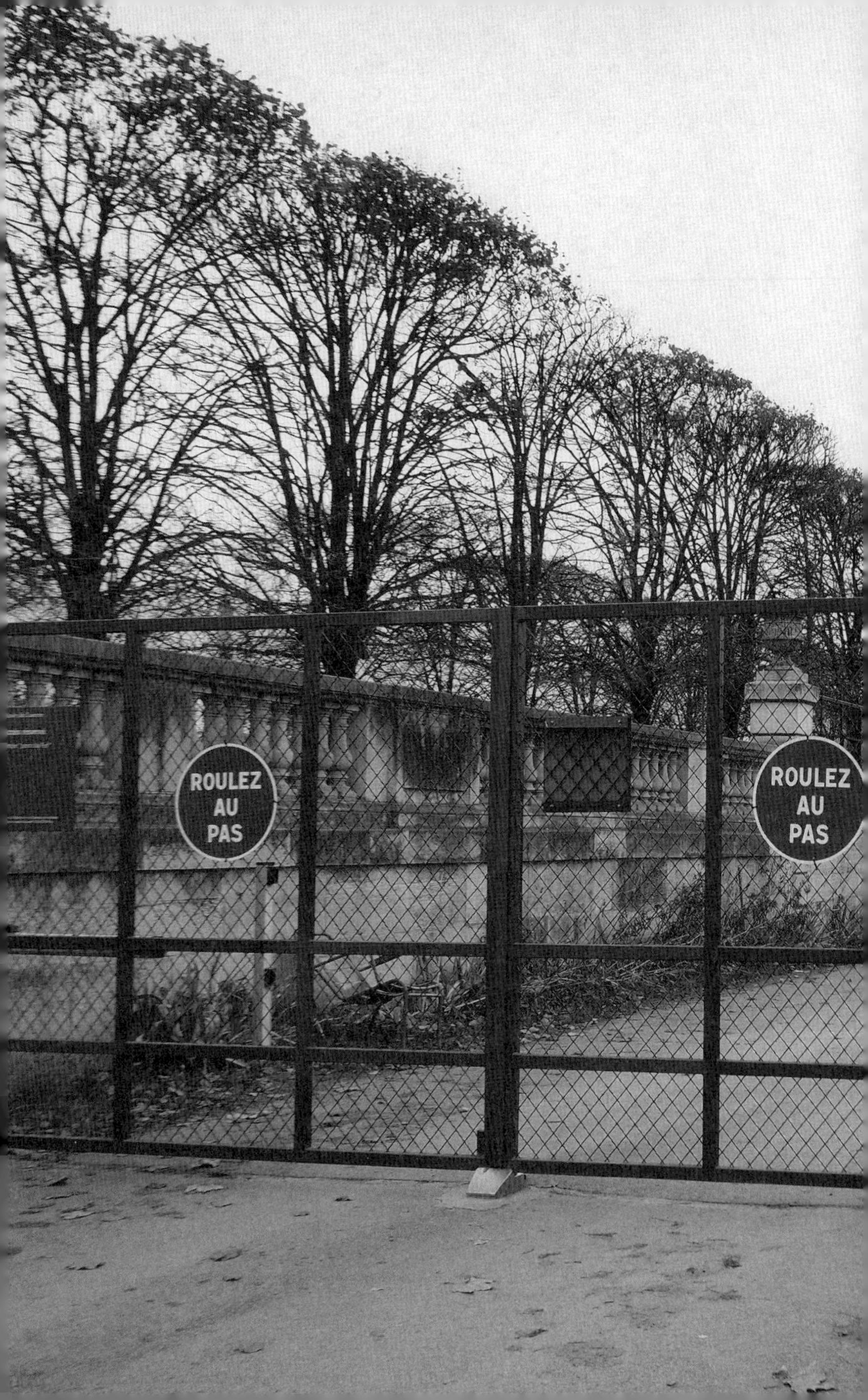
ROULEZ
AU
PAS
ROULEZ
AU
PAS

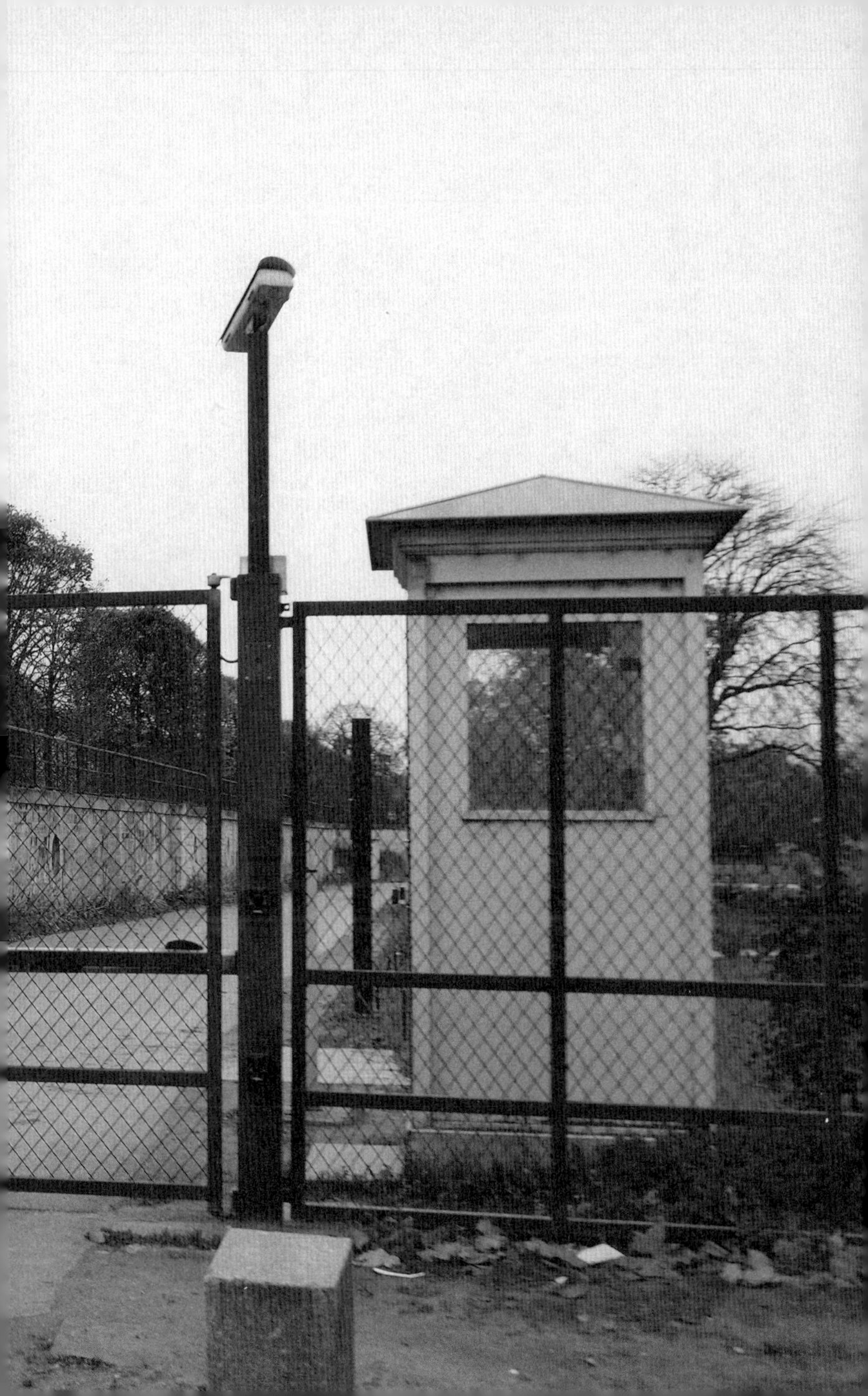

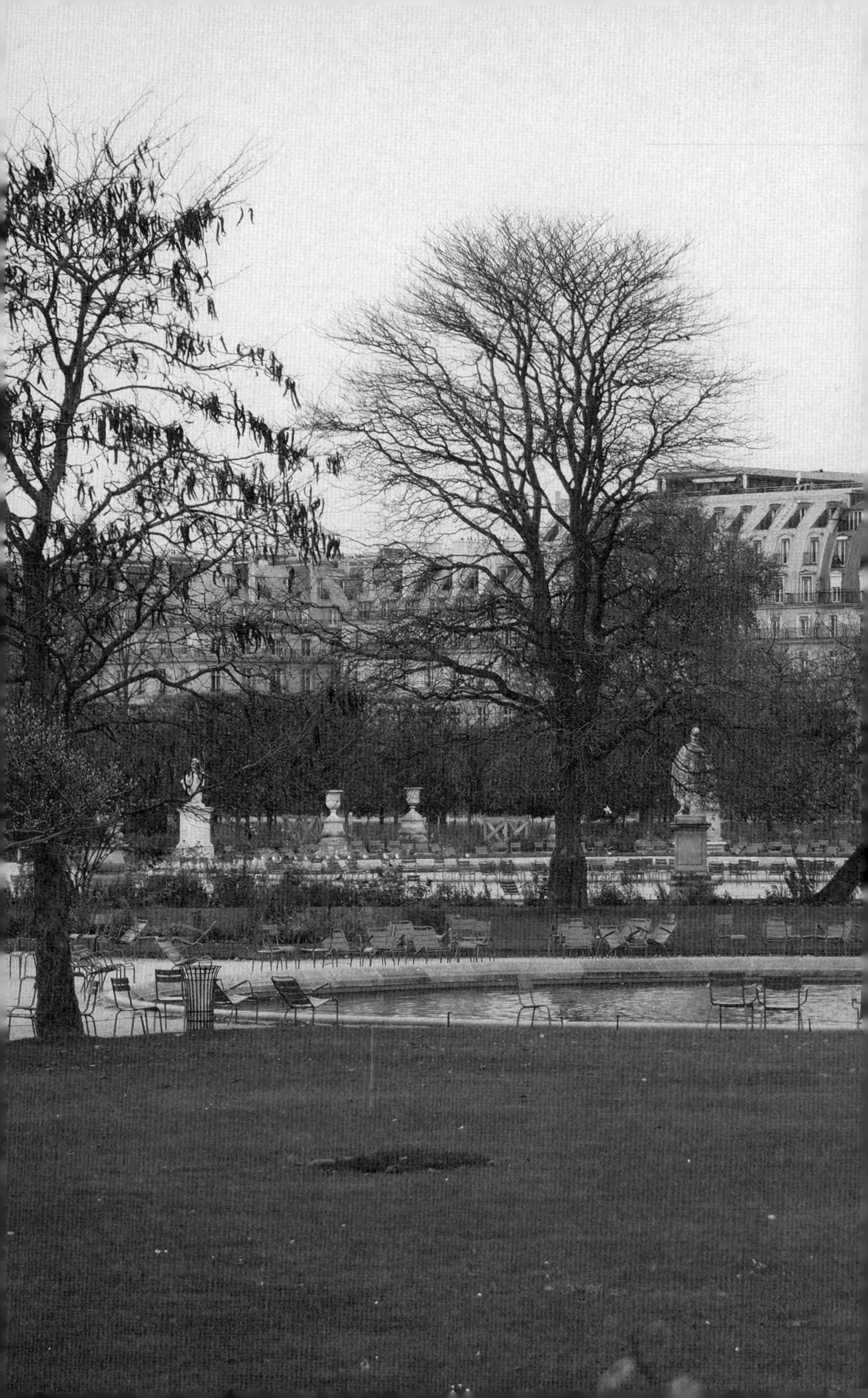

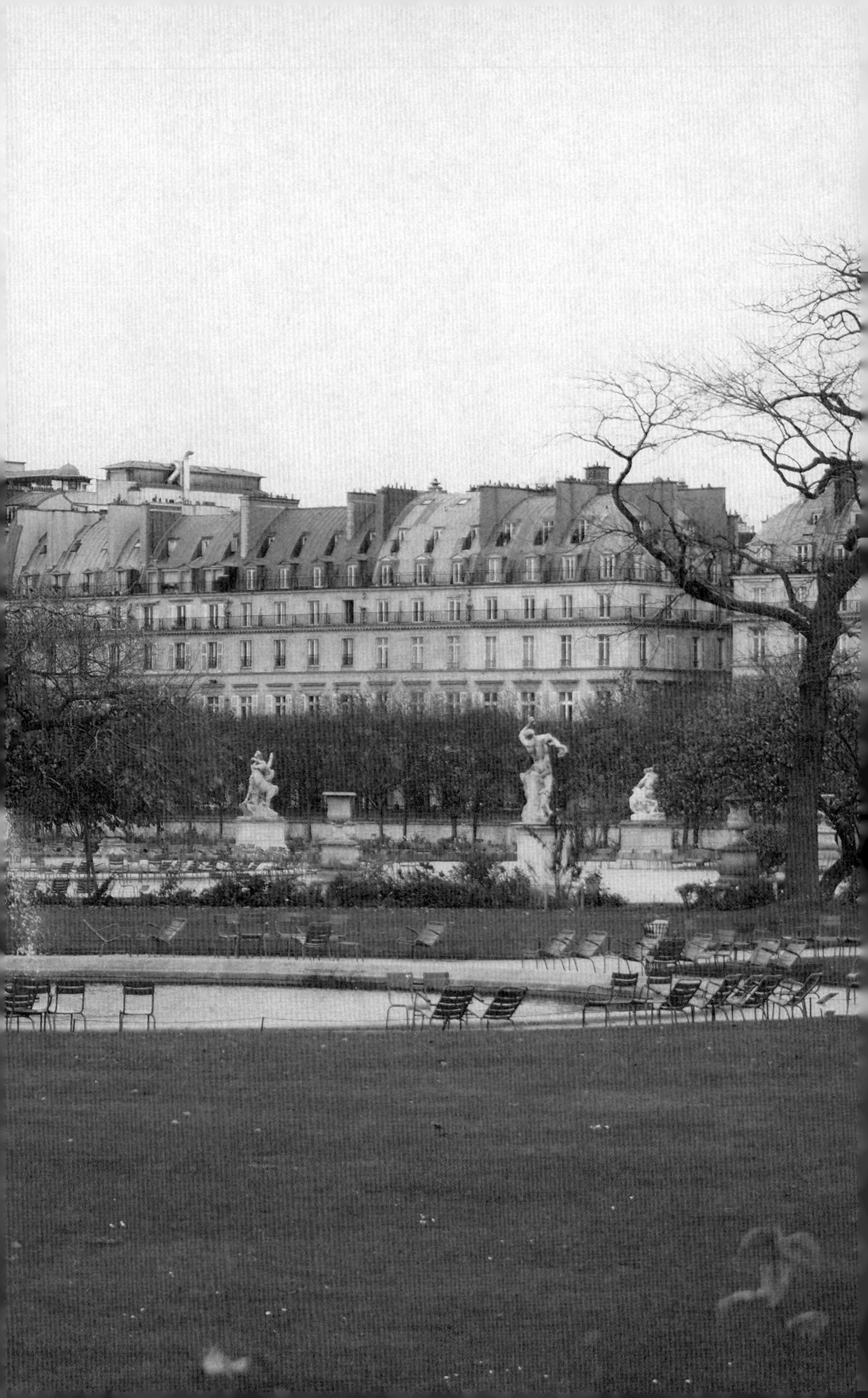

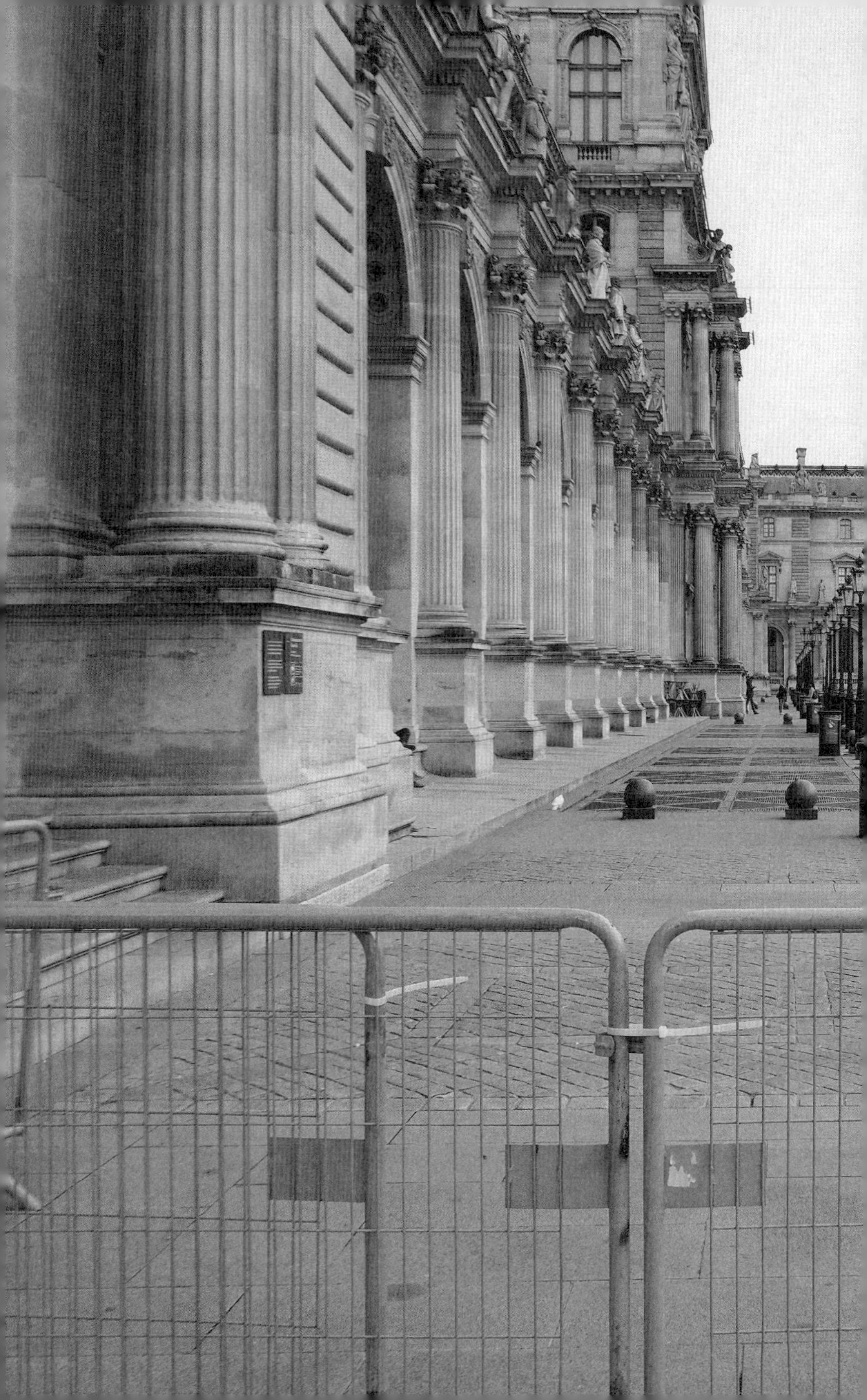

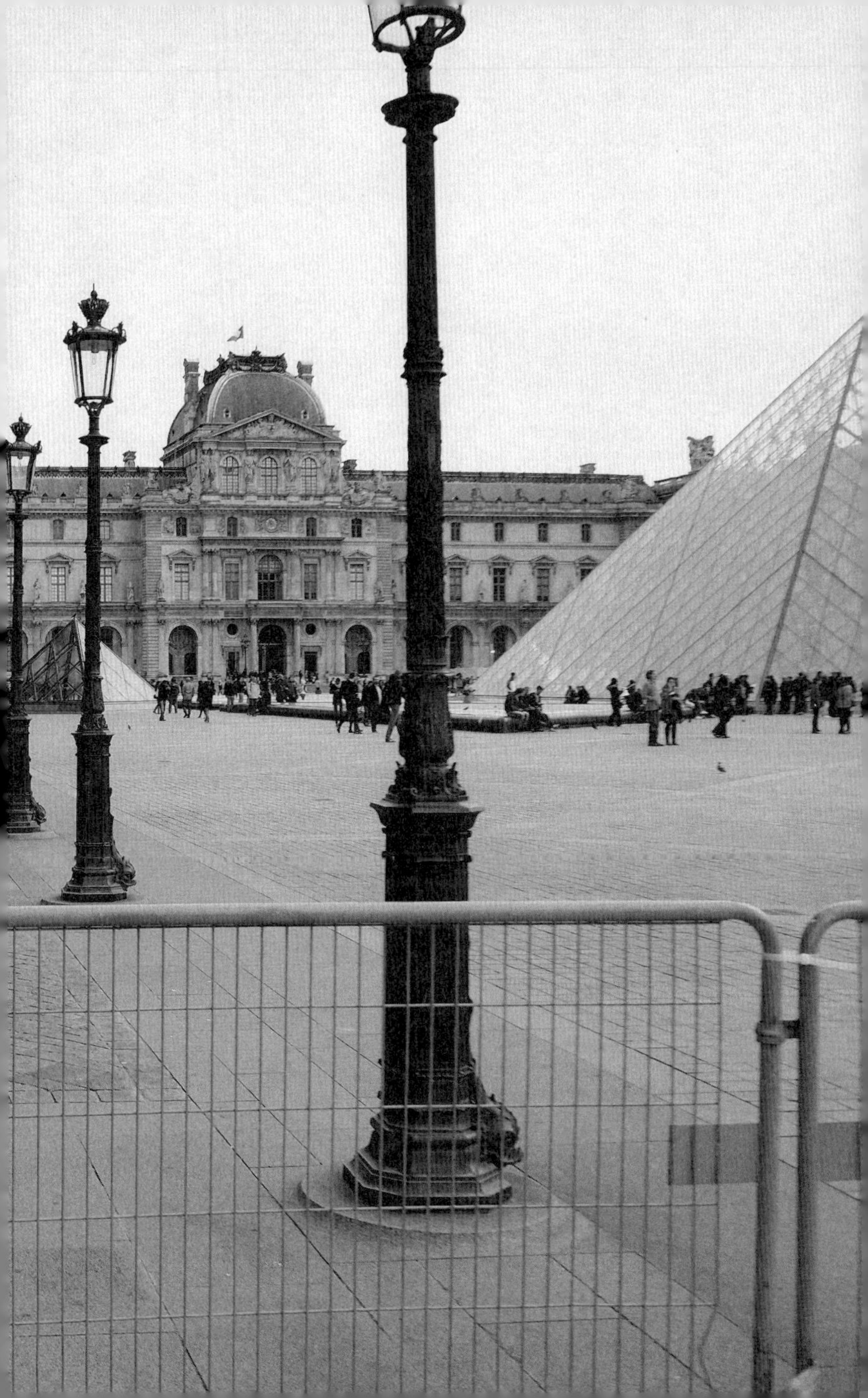

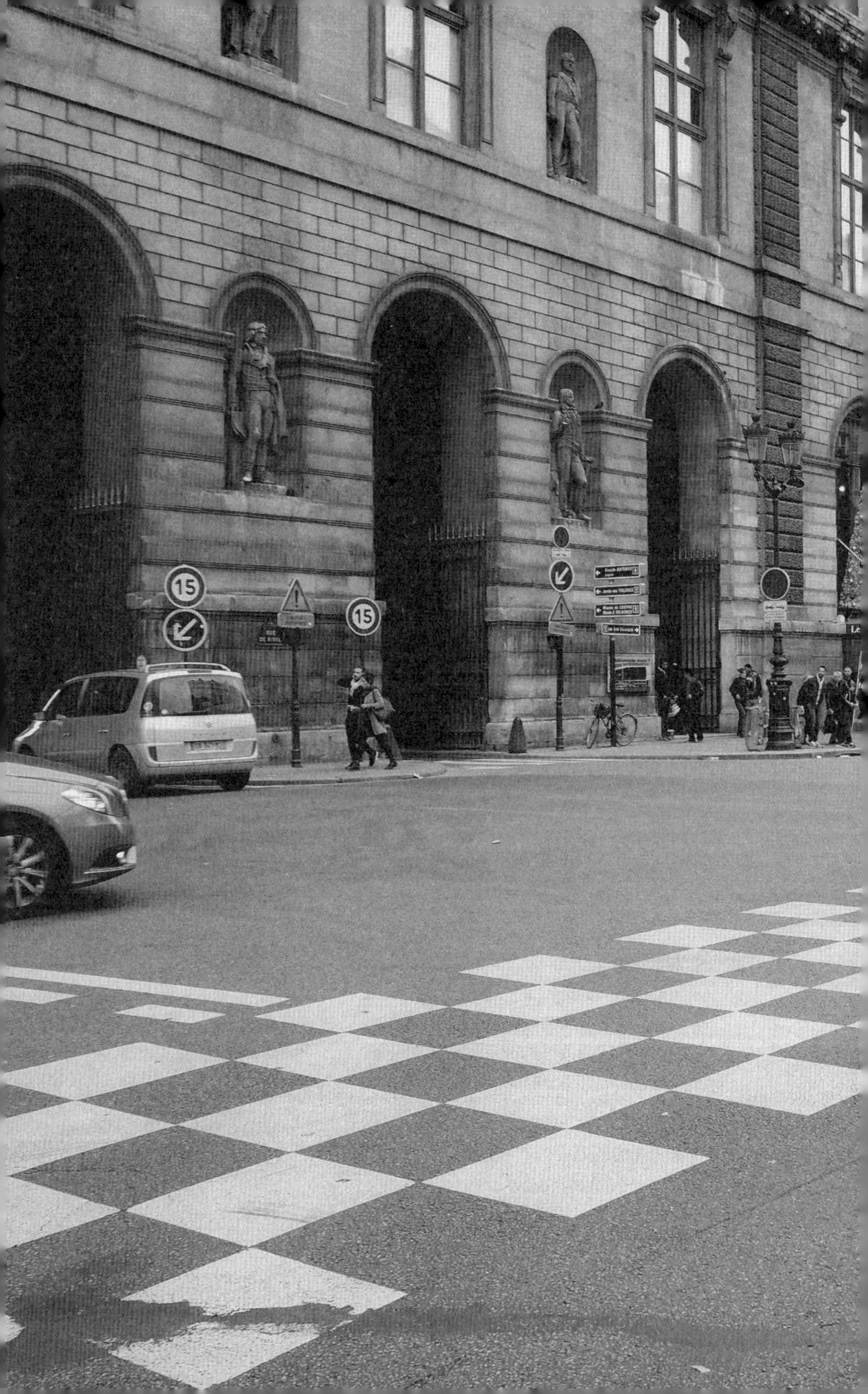

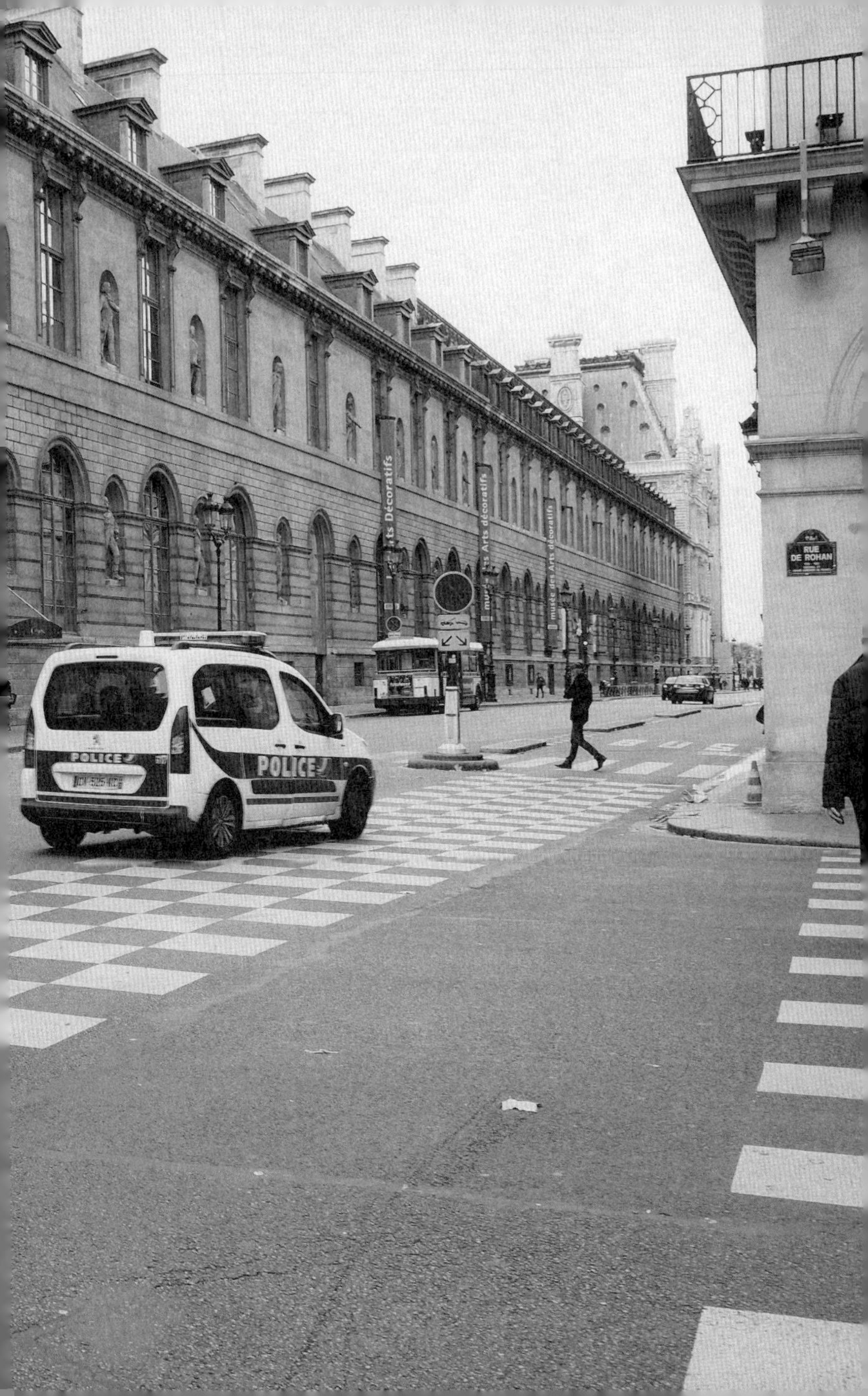

POLICE
RUE
DE ROHAN
musée des Arts décoratifs

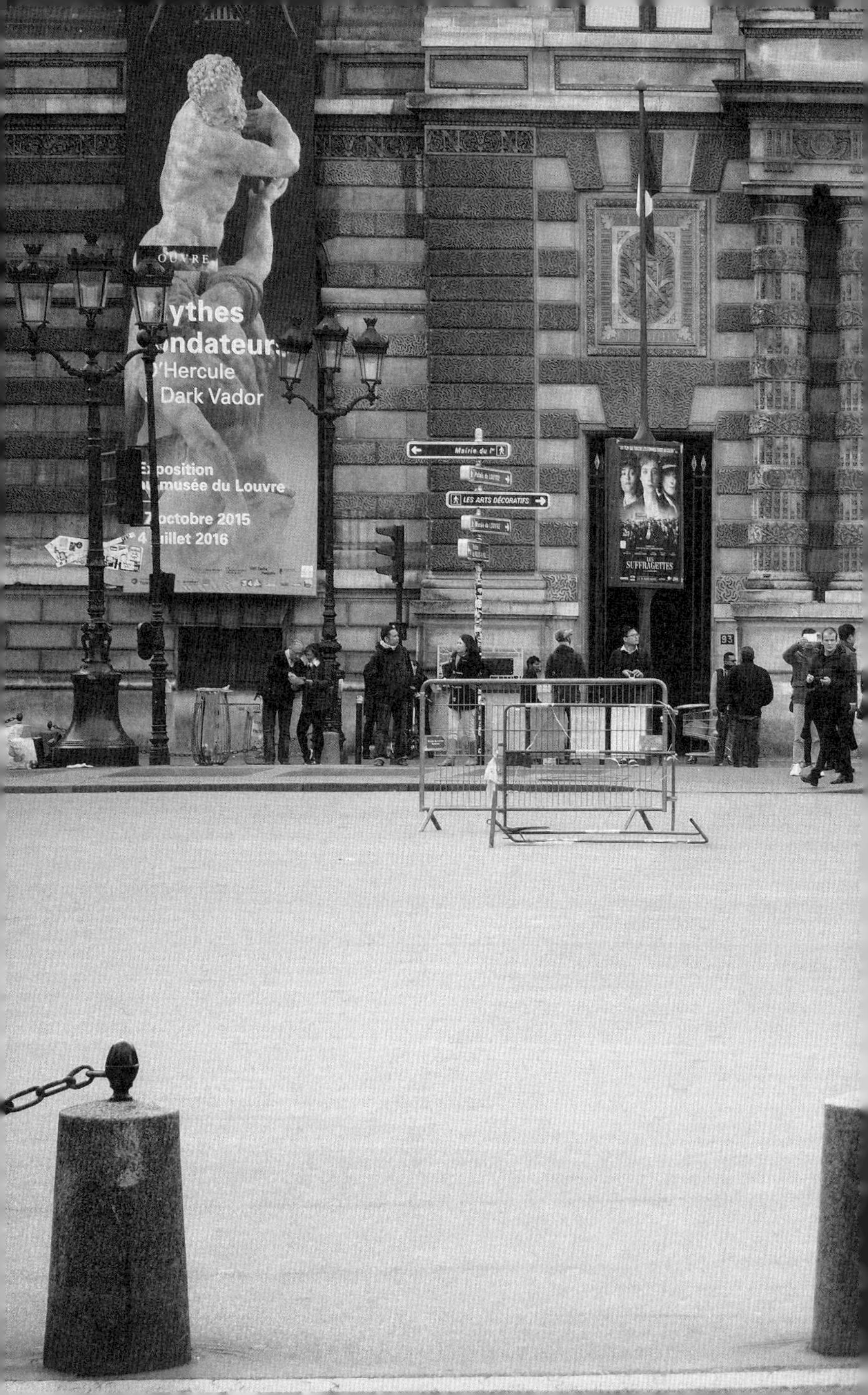
LOUVRE
ythes
ndateurs
D'Hercule
à Dark Vador
Exposition
au musée du Louvre
octobre 2015
4 juillet 2016
Mairie du 1er
Palais du Louvre
LES ARTS DÉCORATIFS
Musée du LOUVRE
LES SUFFRAGETTES
93

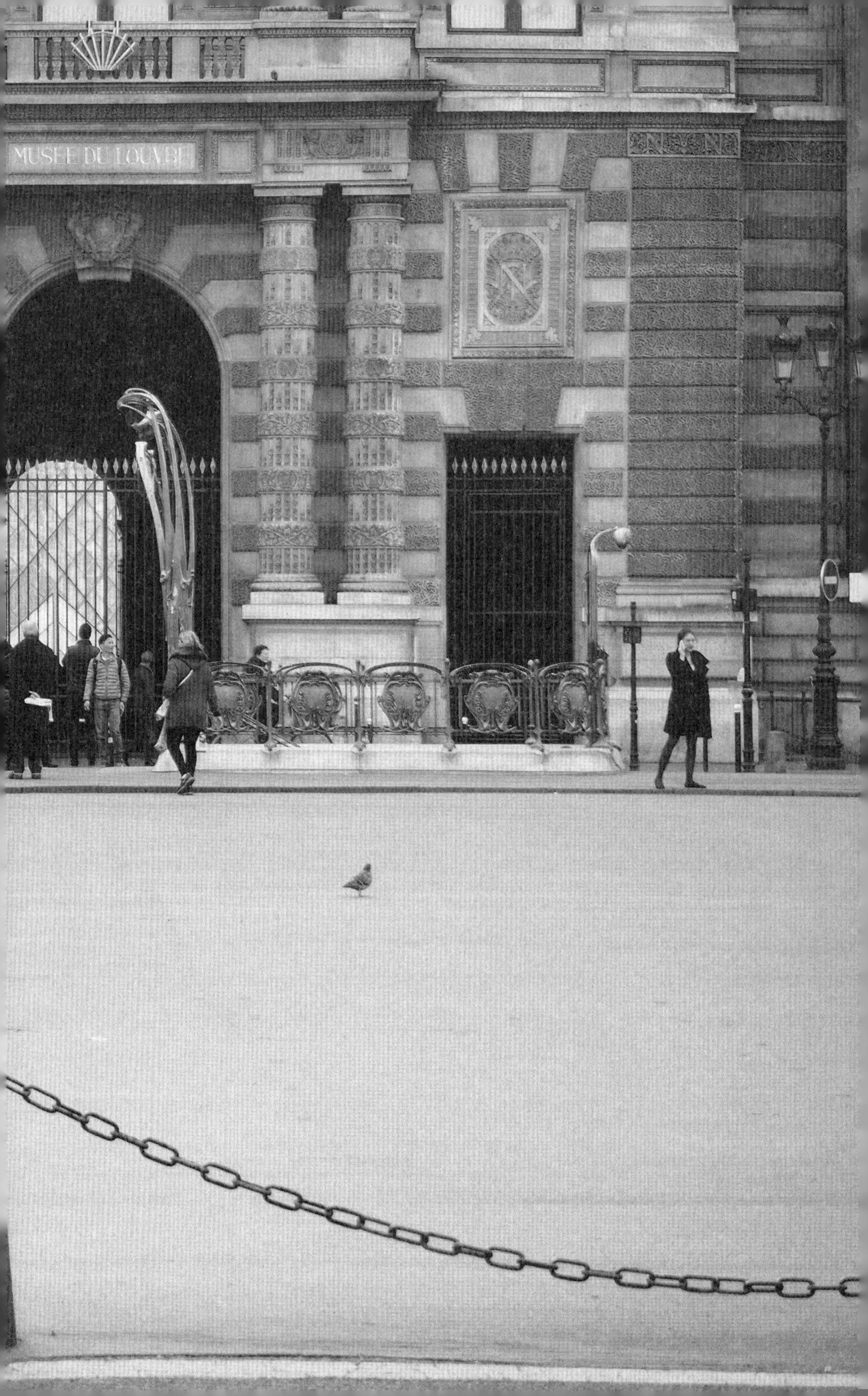

MUSEE DU LOUVRE

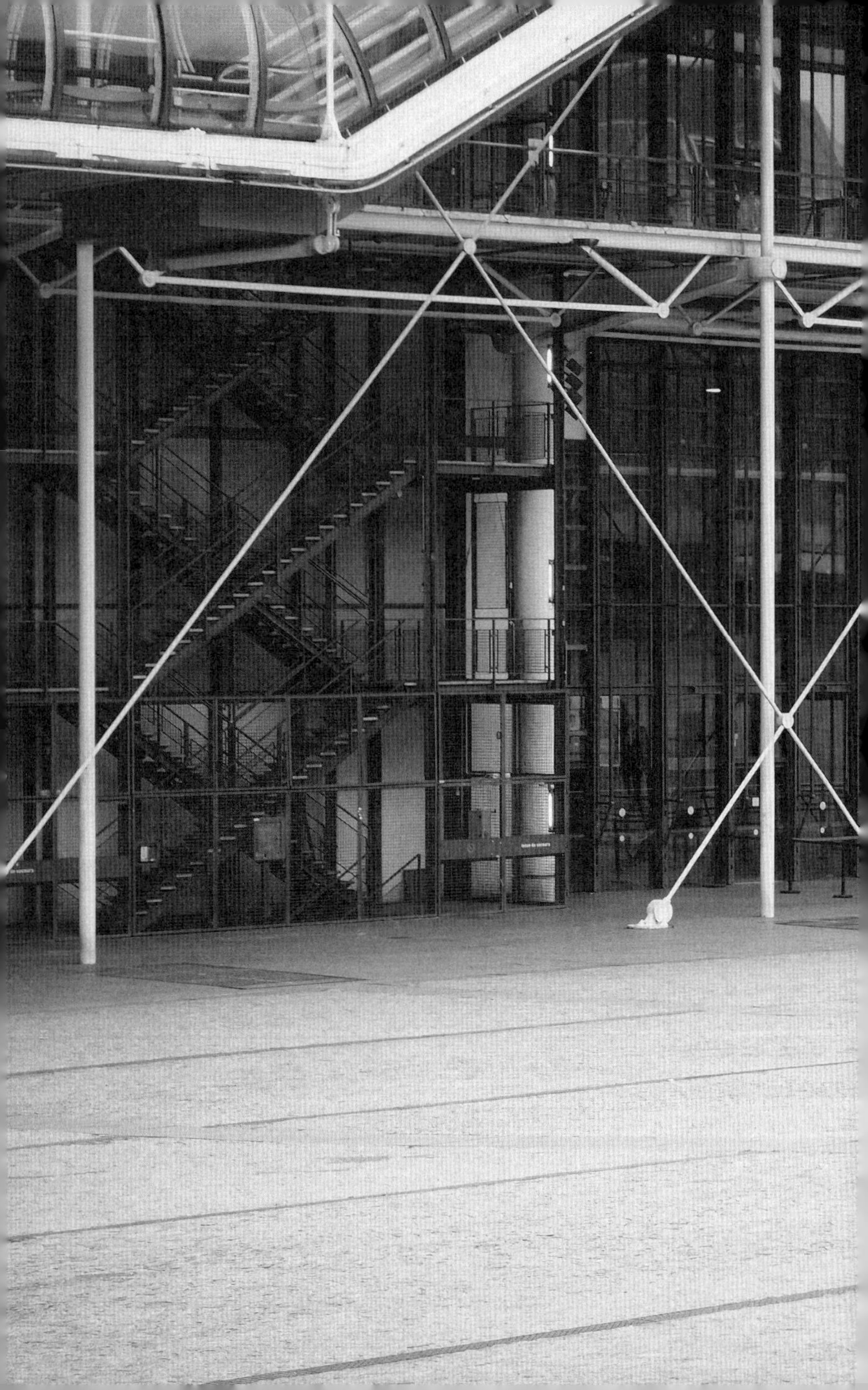

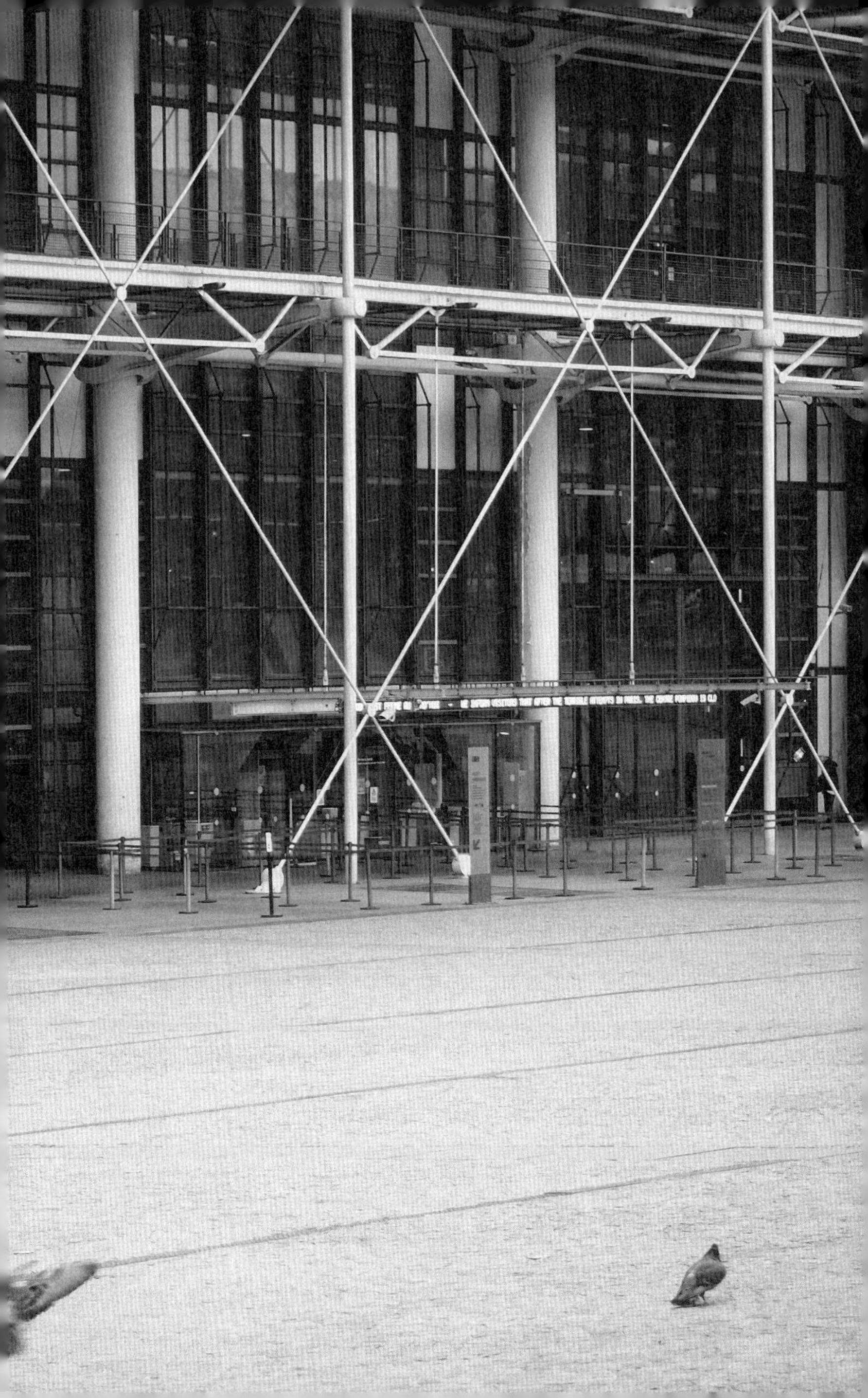
WE INFORM VISITORS THAT AFTER THE TERRIBLE ATTEMPTS IN PARIS, THE CENTRE POMPIDOU IS CLO

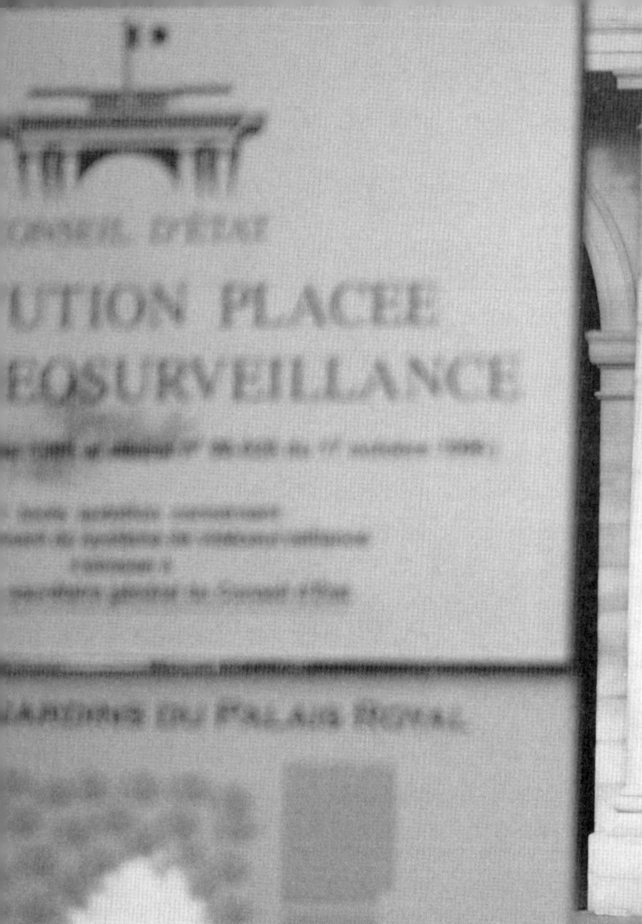
CONSEIL D'ÉTAT
UTION PLACÉE
ÉOSURVEILLANCE
JARDINS DU PALAIS ROYAL
PALAIS ROYAL GARDENS

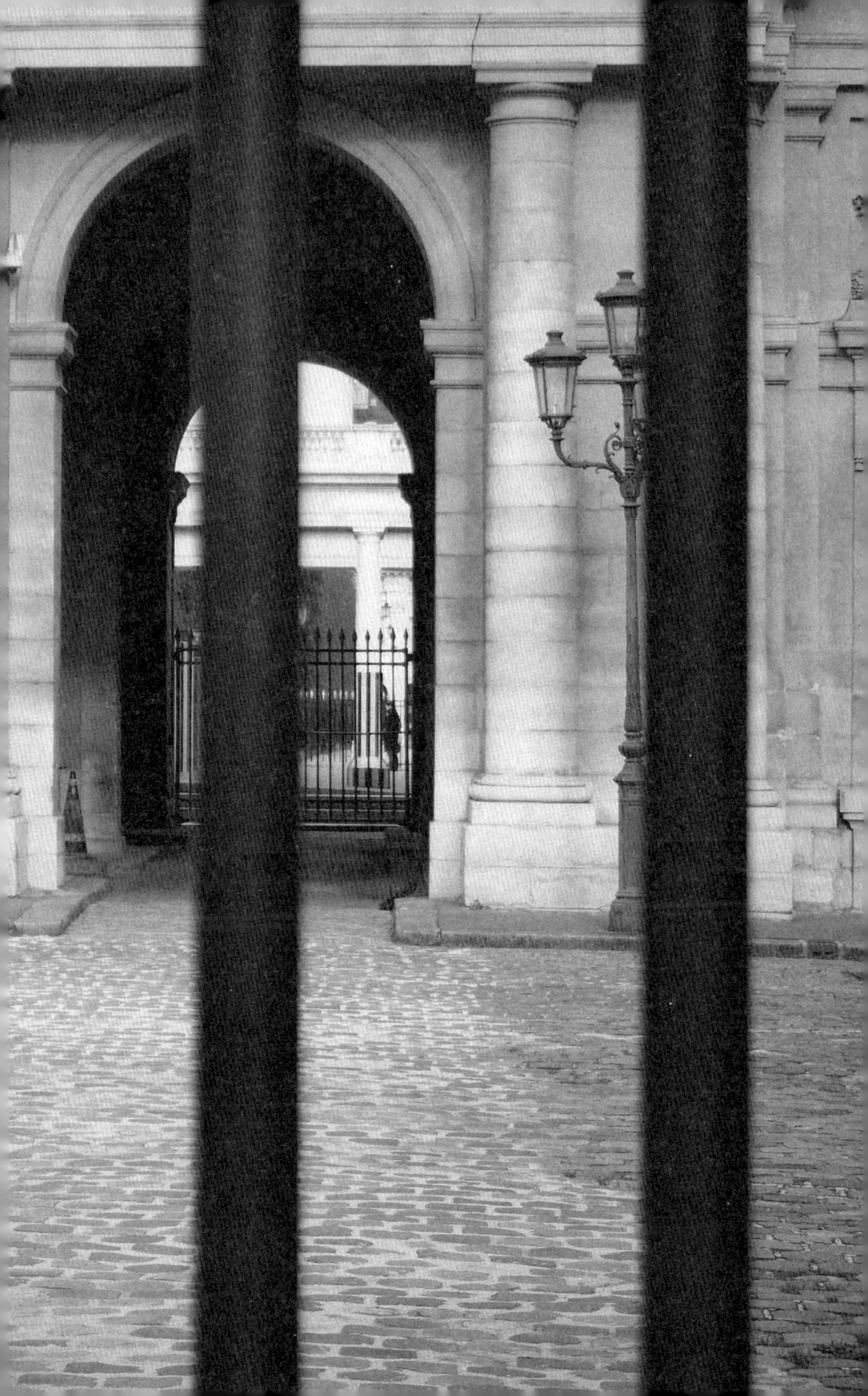

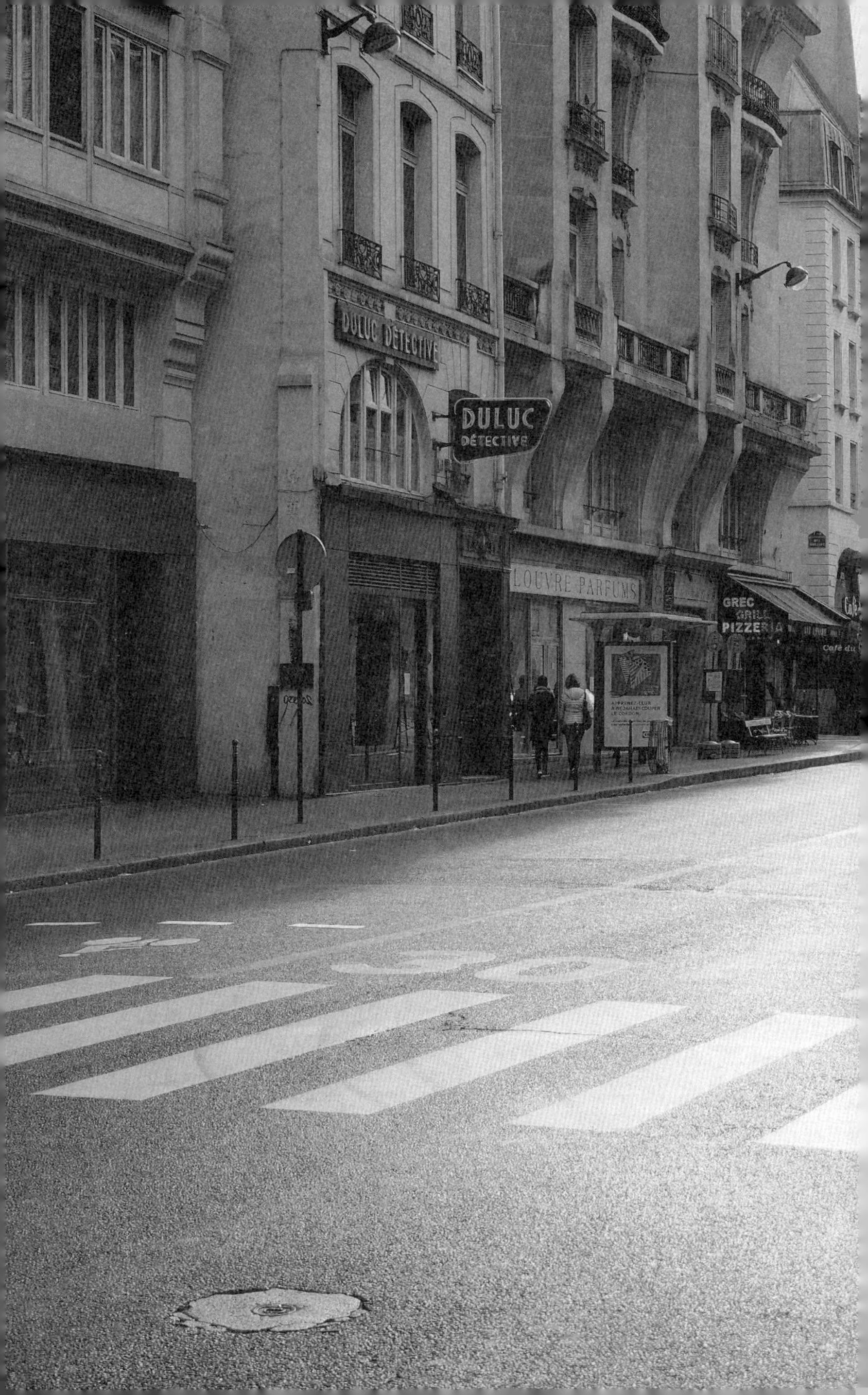
DULUC DÉTECTIVE
DULUC
DÉTECTIVE
LOUVRE PARFUMS
GREC
GRILL
PIZZERIA
Café du

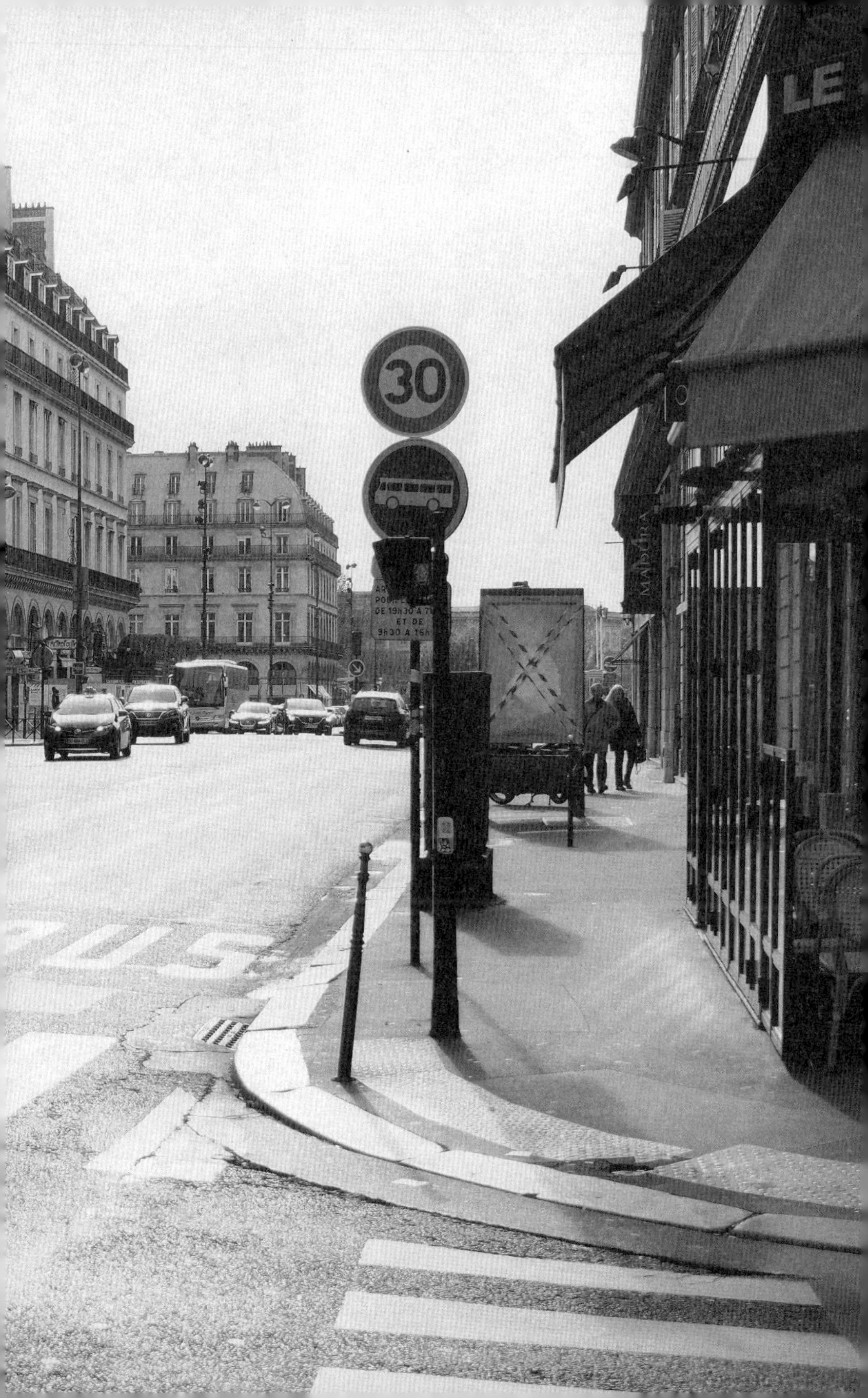
30

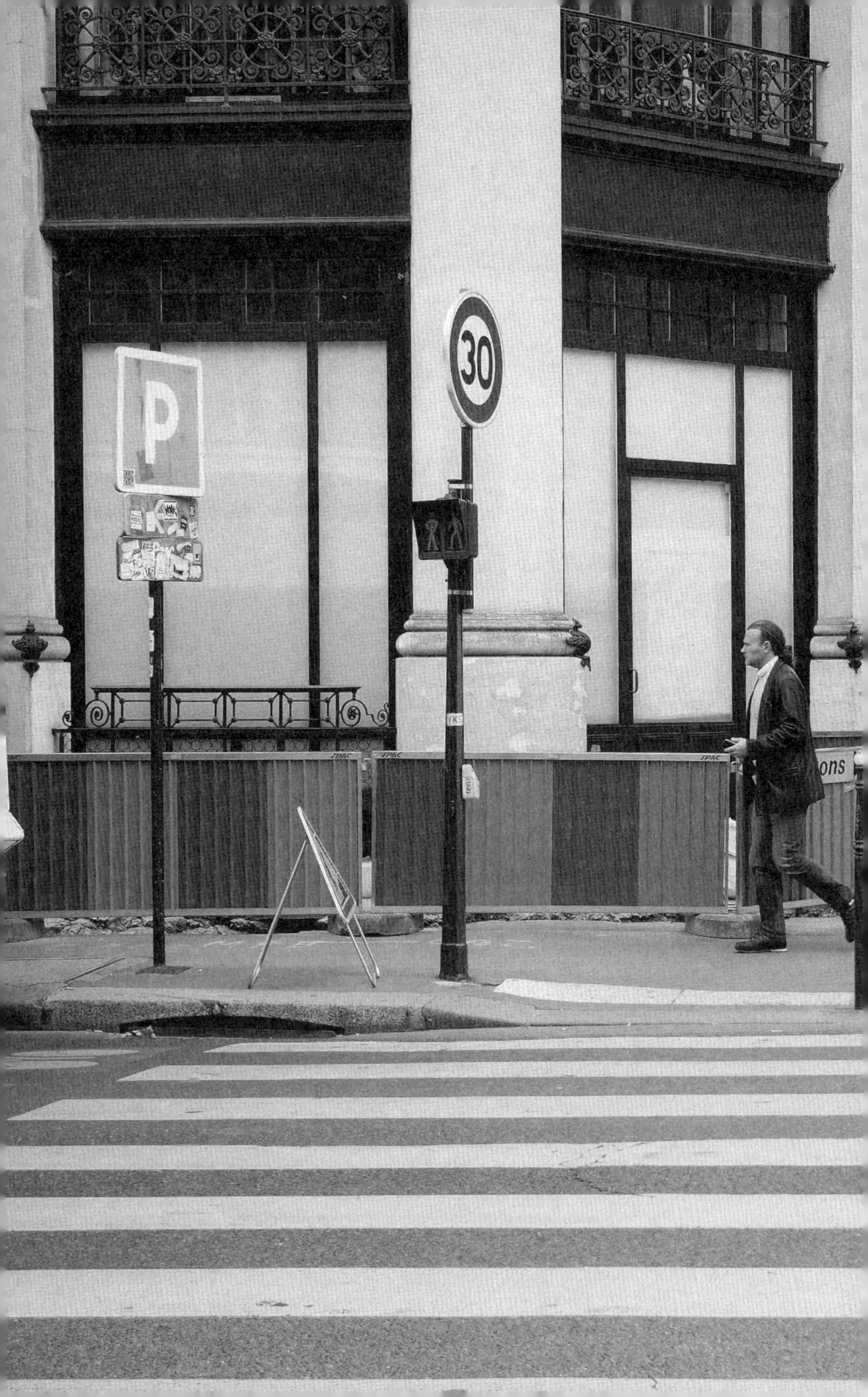

P
30

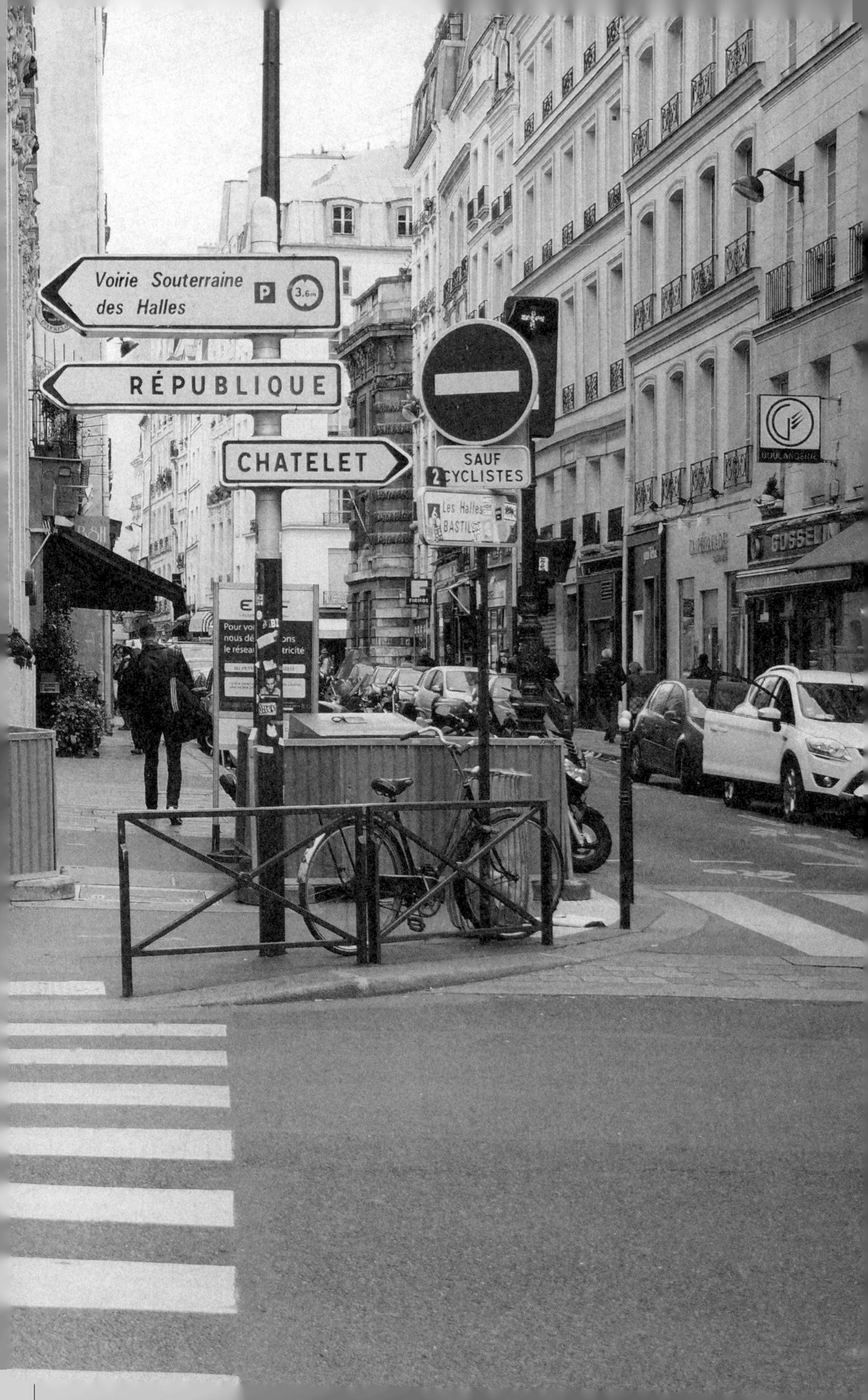

Voirie Souterraine des Halles
P 3.6m
RÉPUBLIQUE
CHATELET
SAUF CYCLISTES
Les Halles
BASTILLE
GOSSELIN
BOULANGERIE

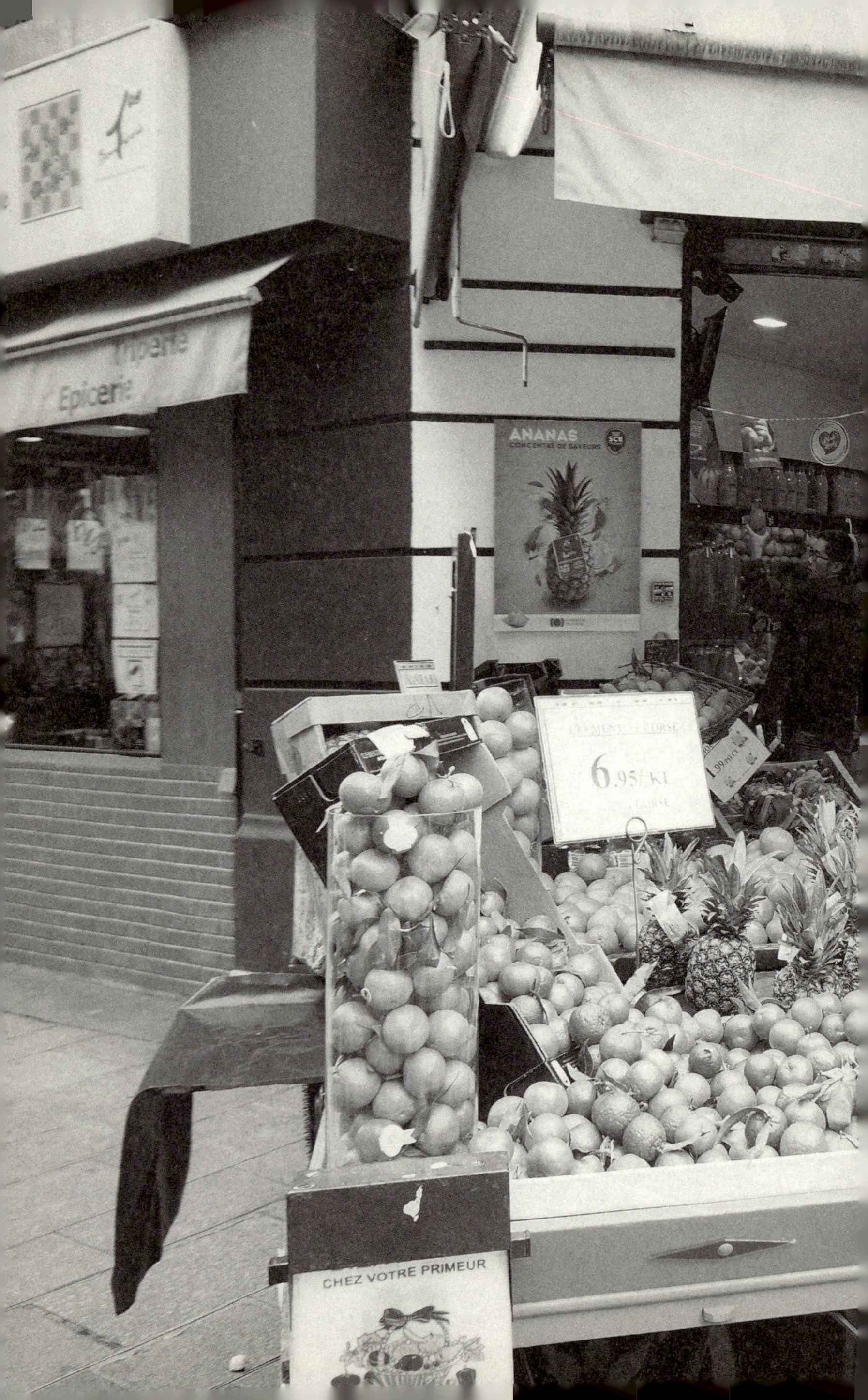

Épicerie
Épicerie
ANANAS
CONCENTRÉ DE SAVEURS
SCB
CLÉMENTINE CORSE
6.95/KL
CORSE
CHEZ VOTRE PRIMEUR

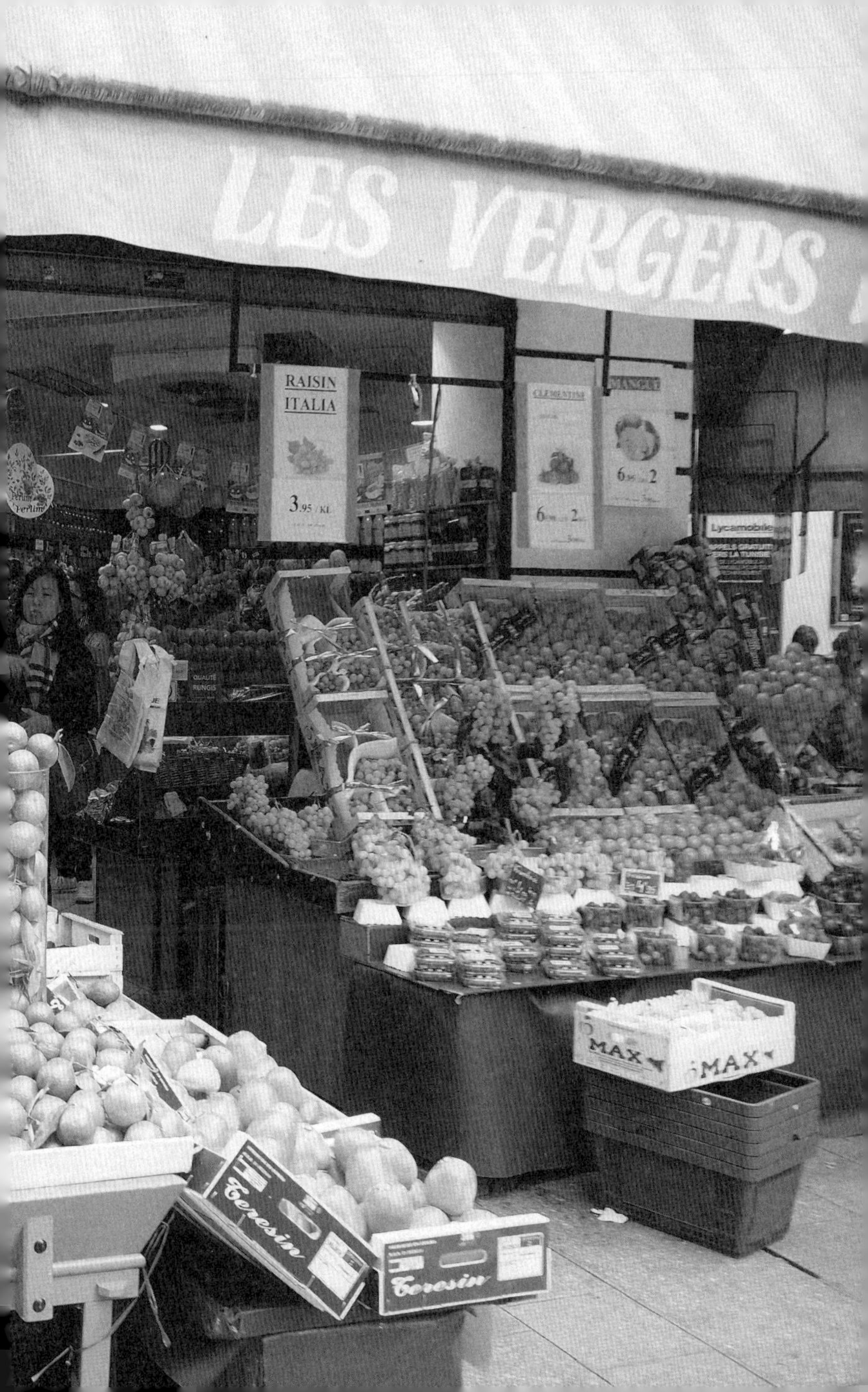

LES VERGERS
RAISIN ITALIA
3.95 / KL
CLEMENTINE
6 2
MANGUE
6 2
Lycamobile
QUALITÉ RUNGIS
MAX
MAX
Teresin
Teresin

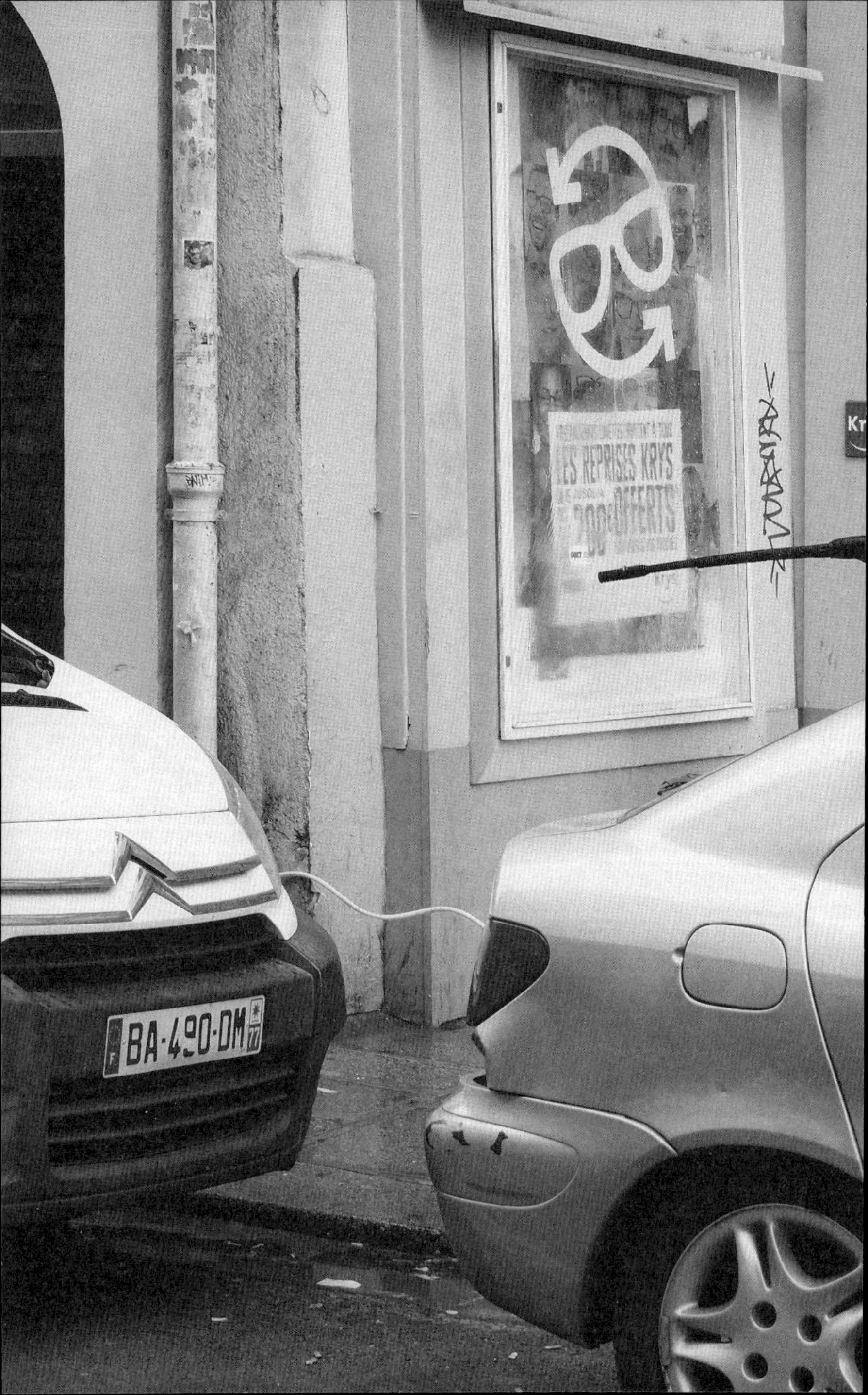
LES REPRISES KRYS
200€ OFFERTS
Kr

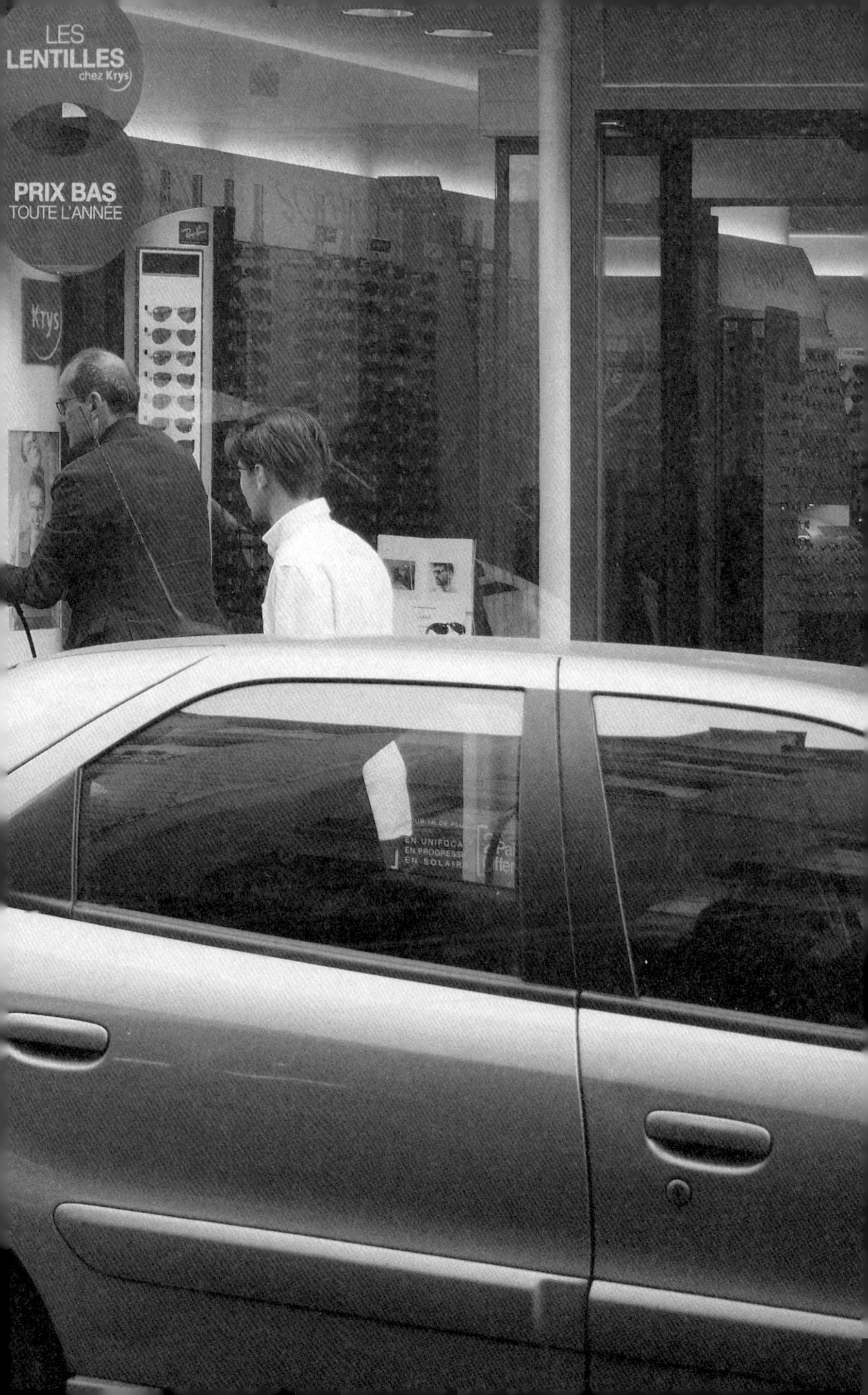

LES
LENTILLES
chez Krys
PRIX BAS
TOUTE L'ANNÉE
Krys
EN UNIFOCA
EN PROGRESS
EN SOLAIR

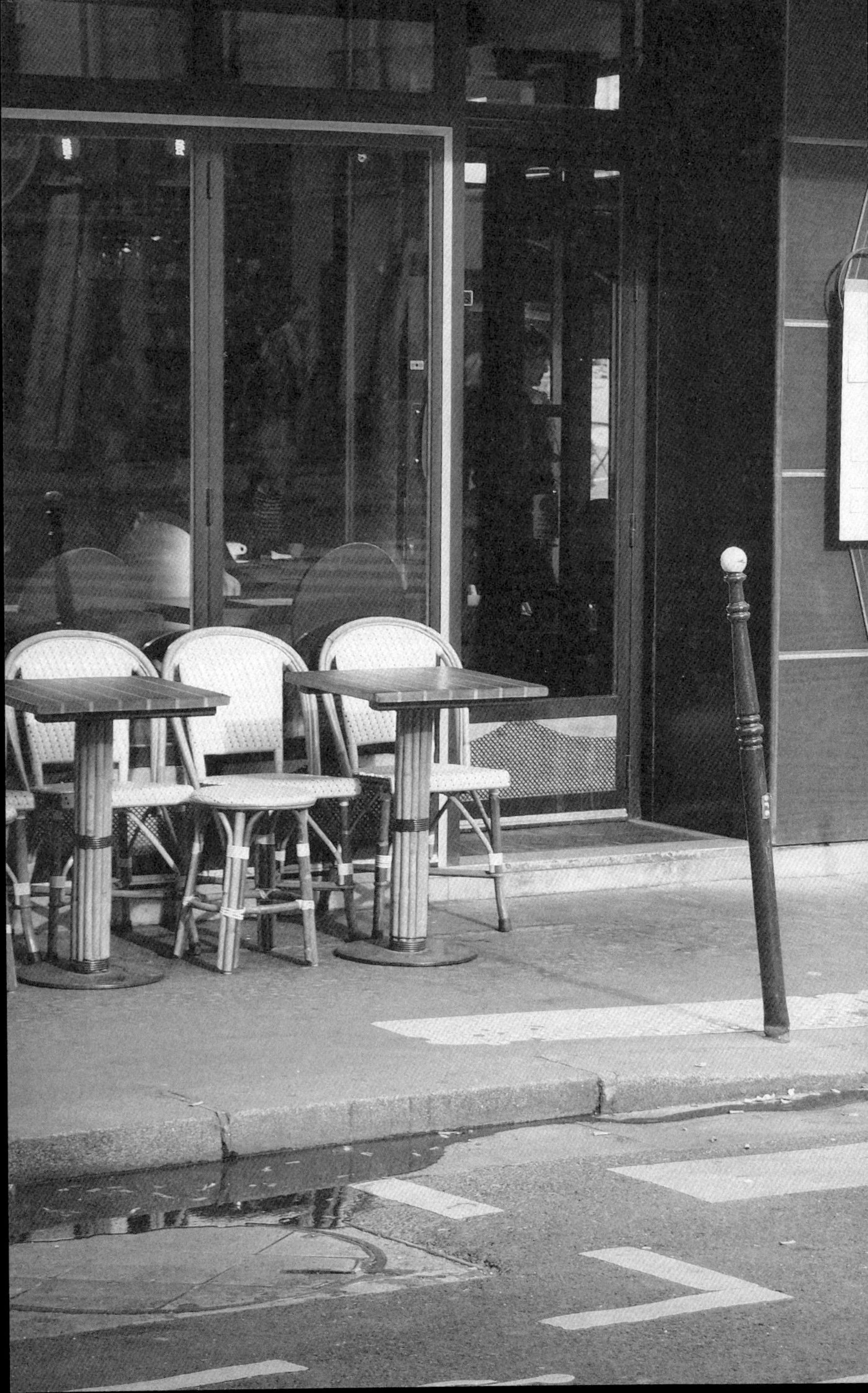

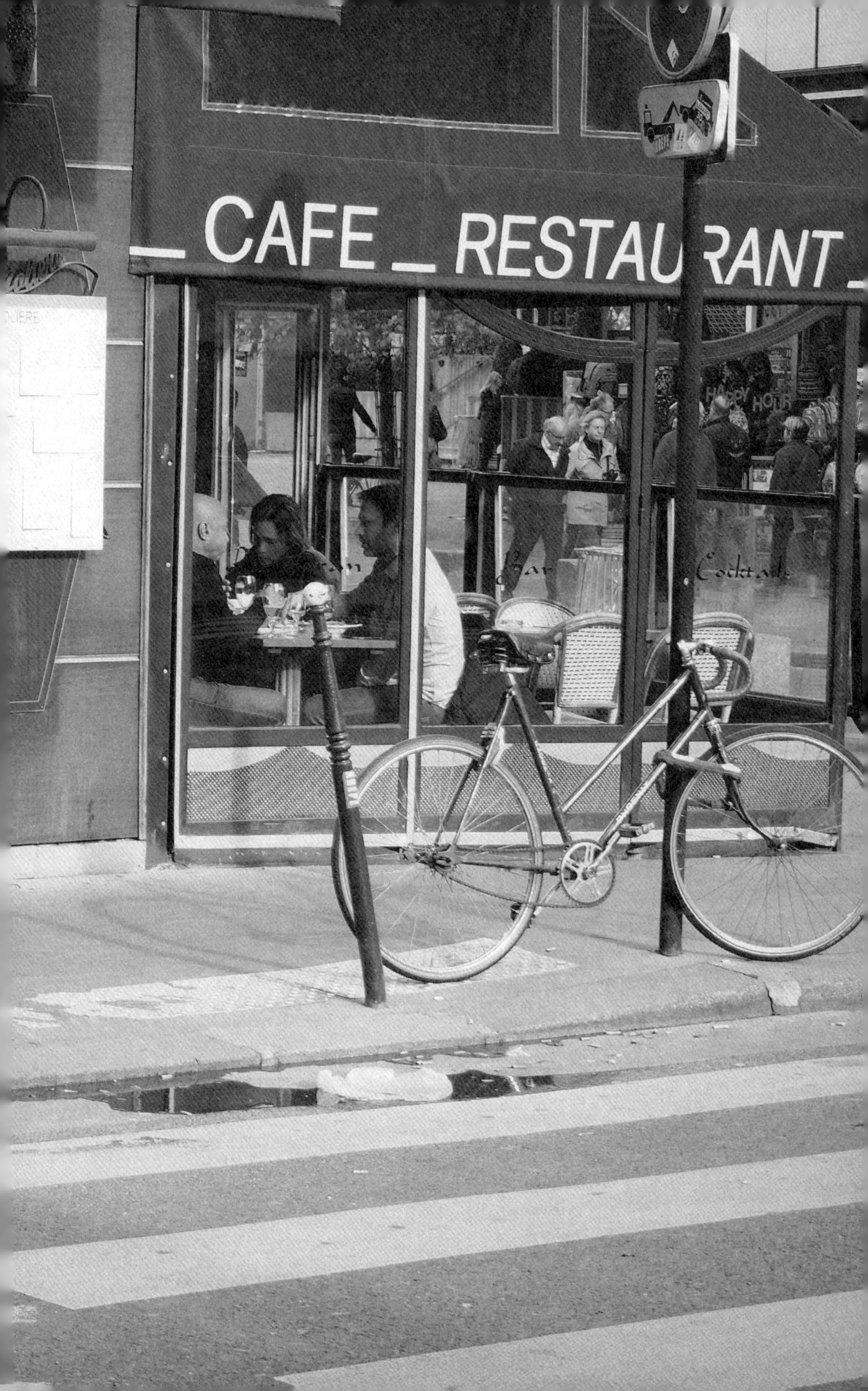

CAFE _ RESTAURANT
HAPPY HOUR

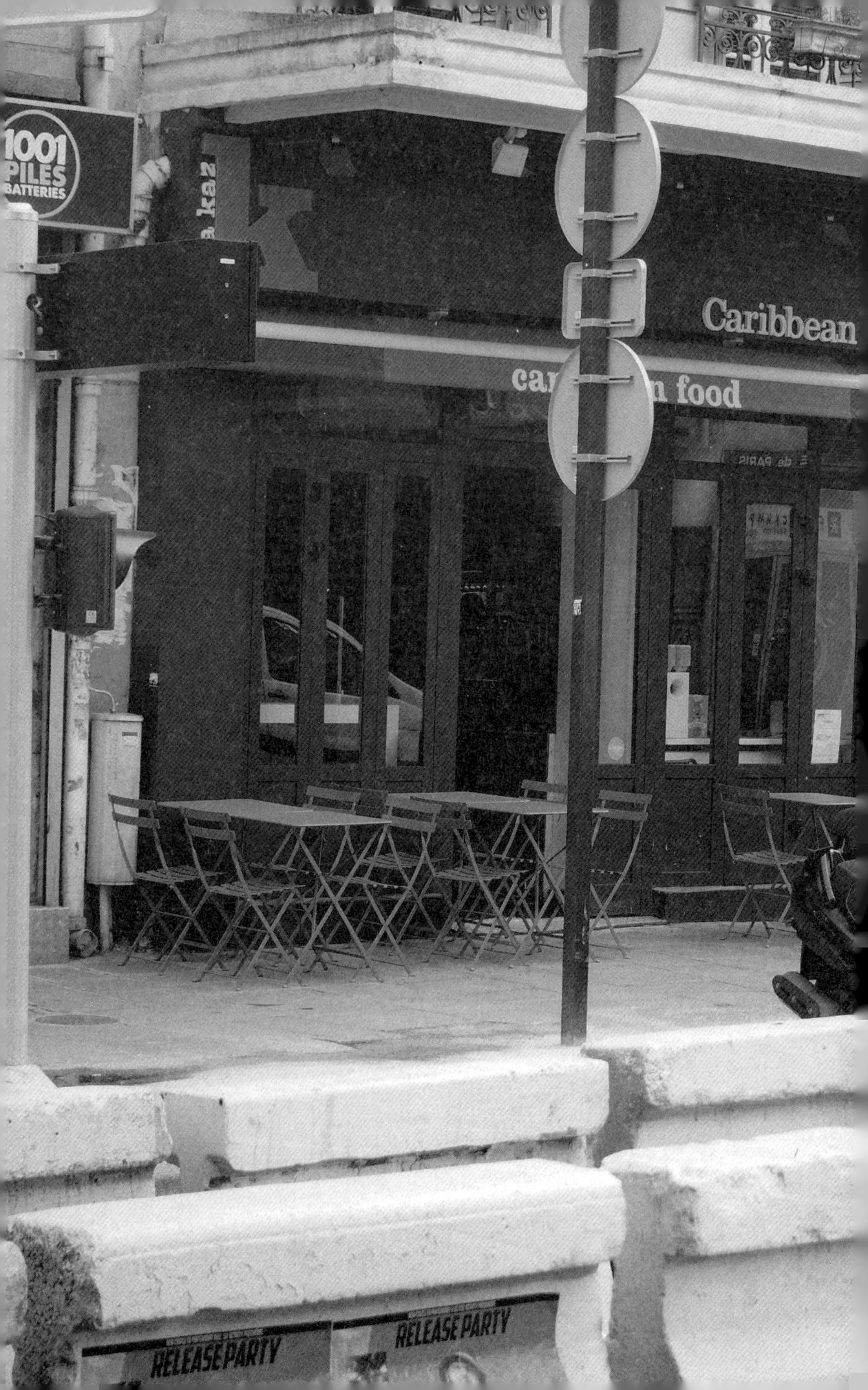

1001
PILES
BATTERIES
a kaz
Caribbean
can food
de PARIS
RELEASE PARTY
RELEASE PARTY

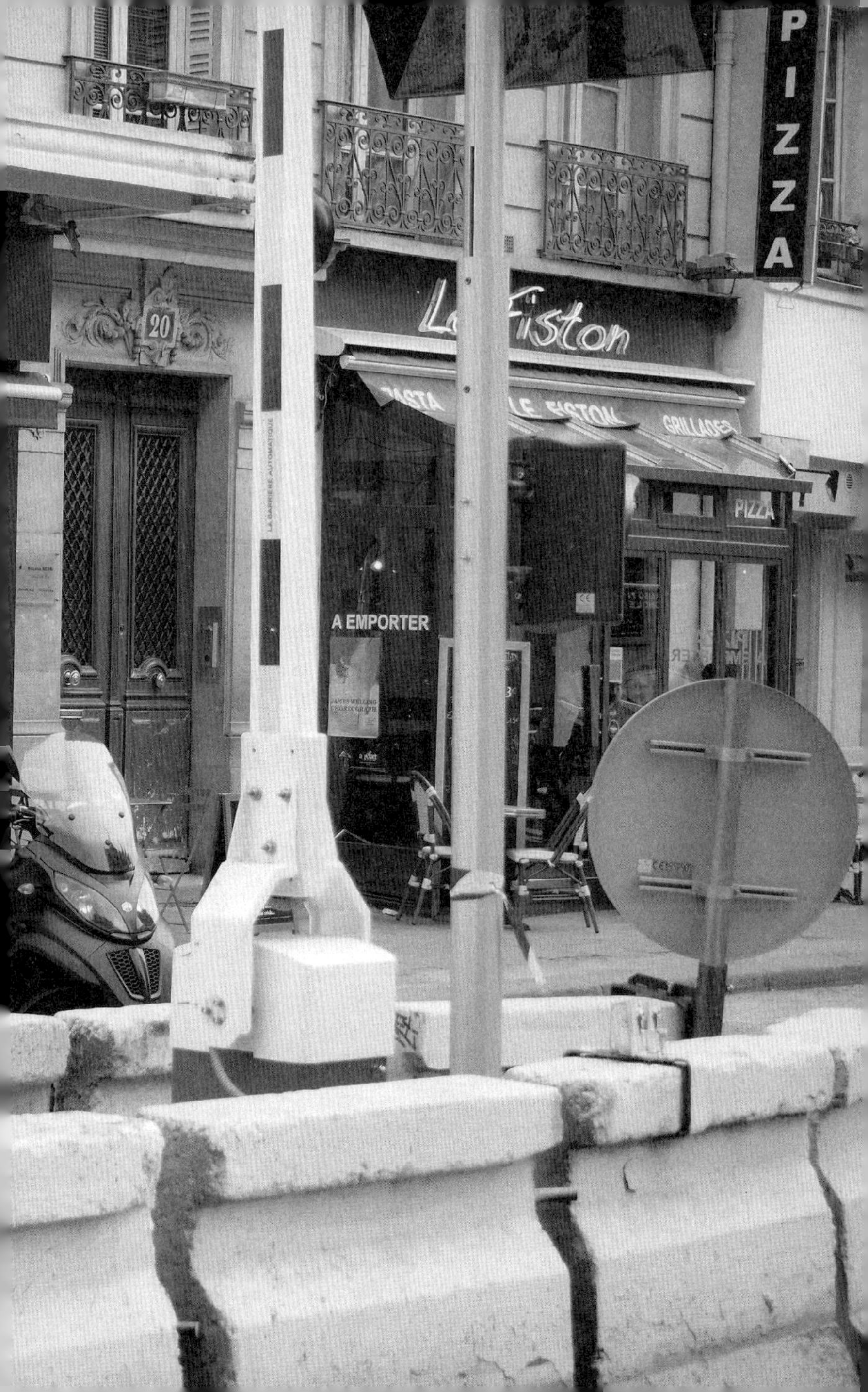

PIZZA
Le Fiston
LE FISTON
GRILLADES
PIZZA
20
A EMPORTER
LA BARRIERE AUTOMATIQUE

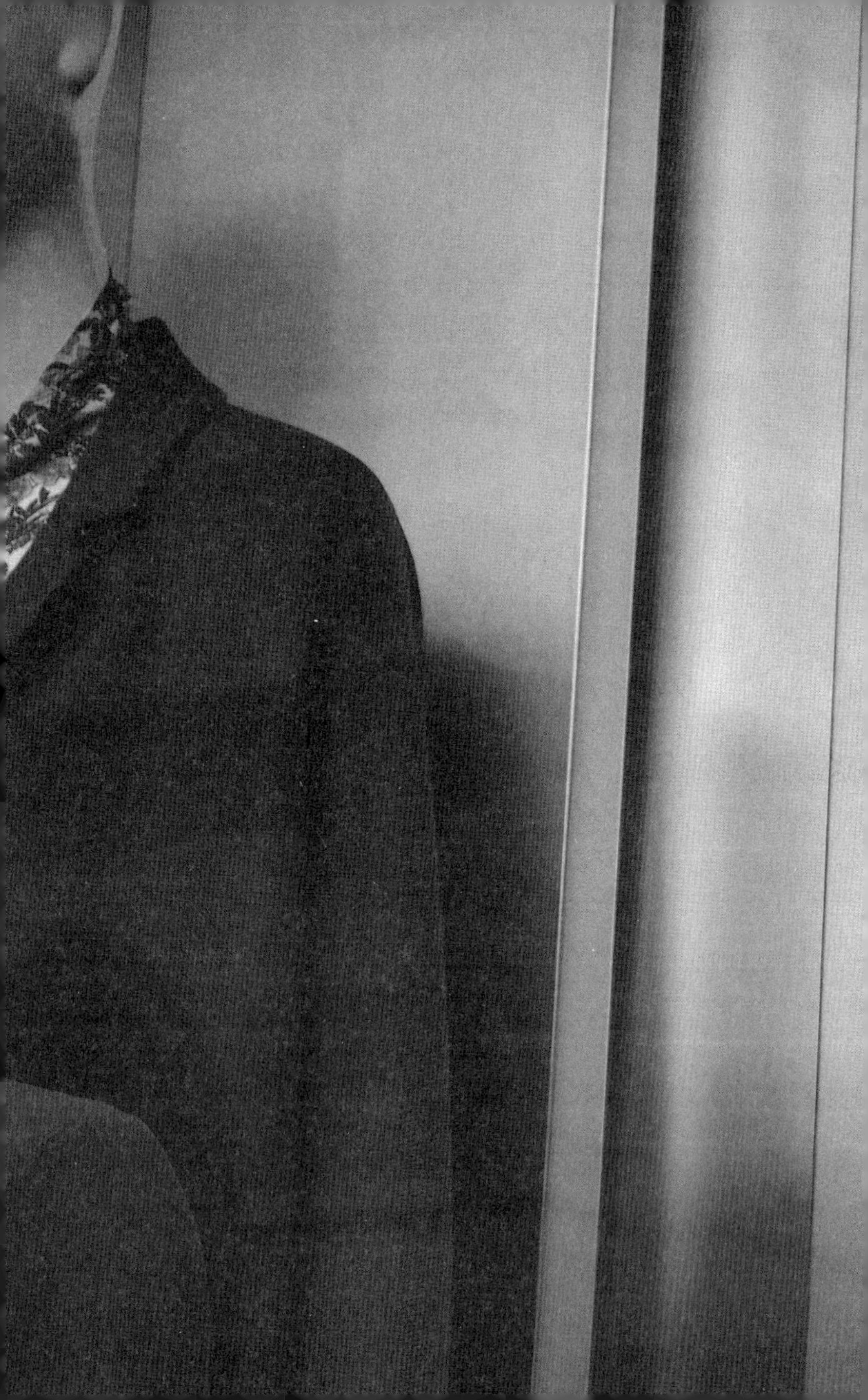

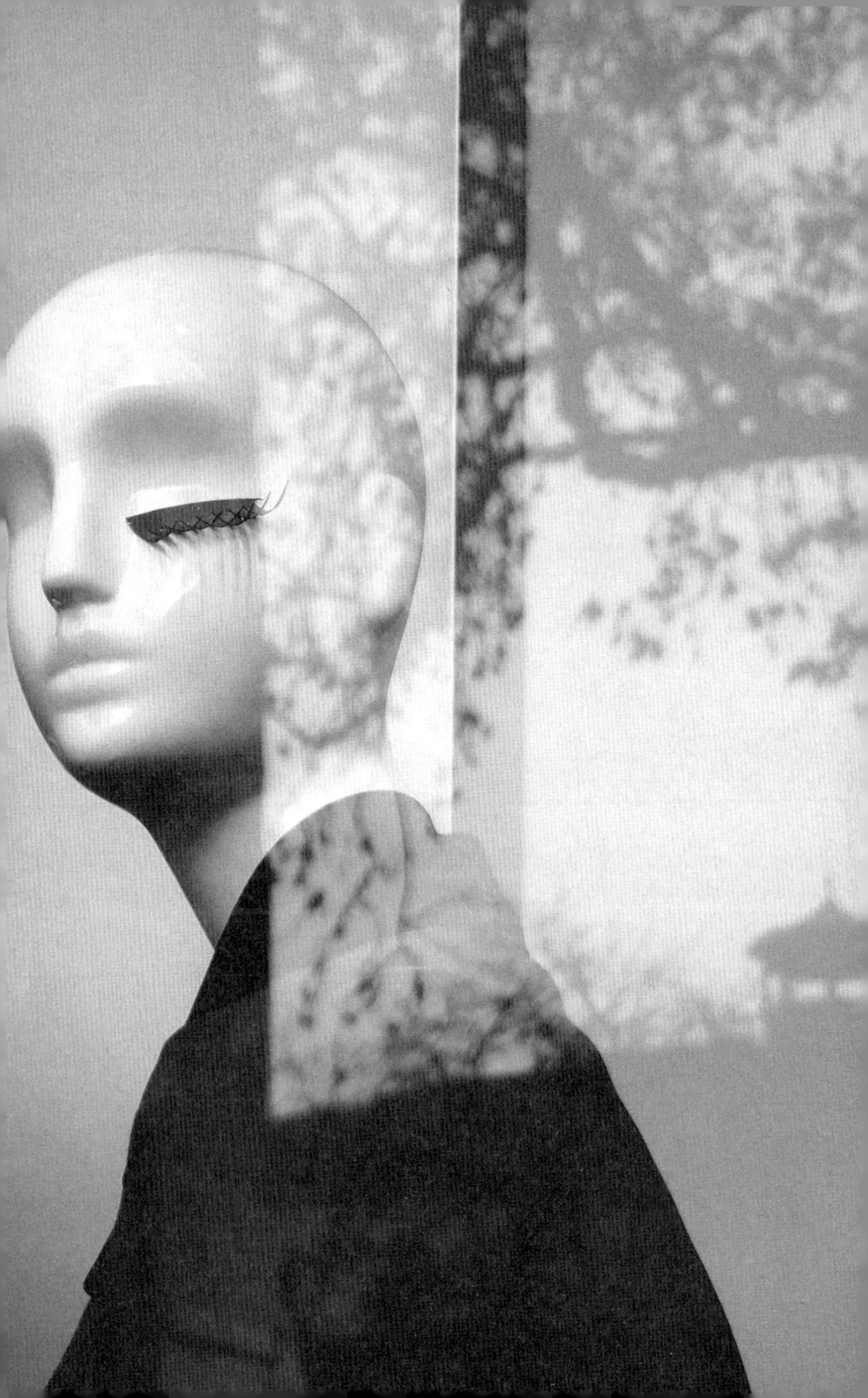

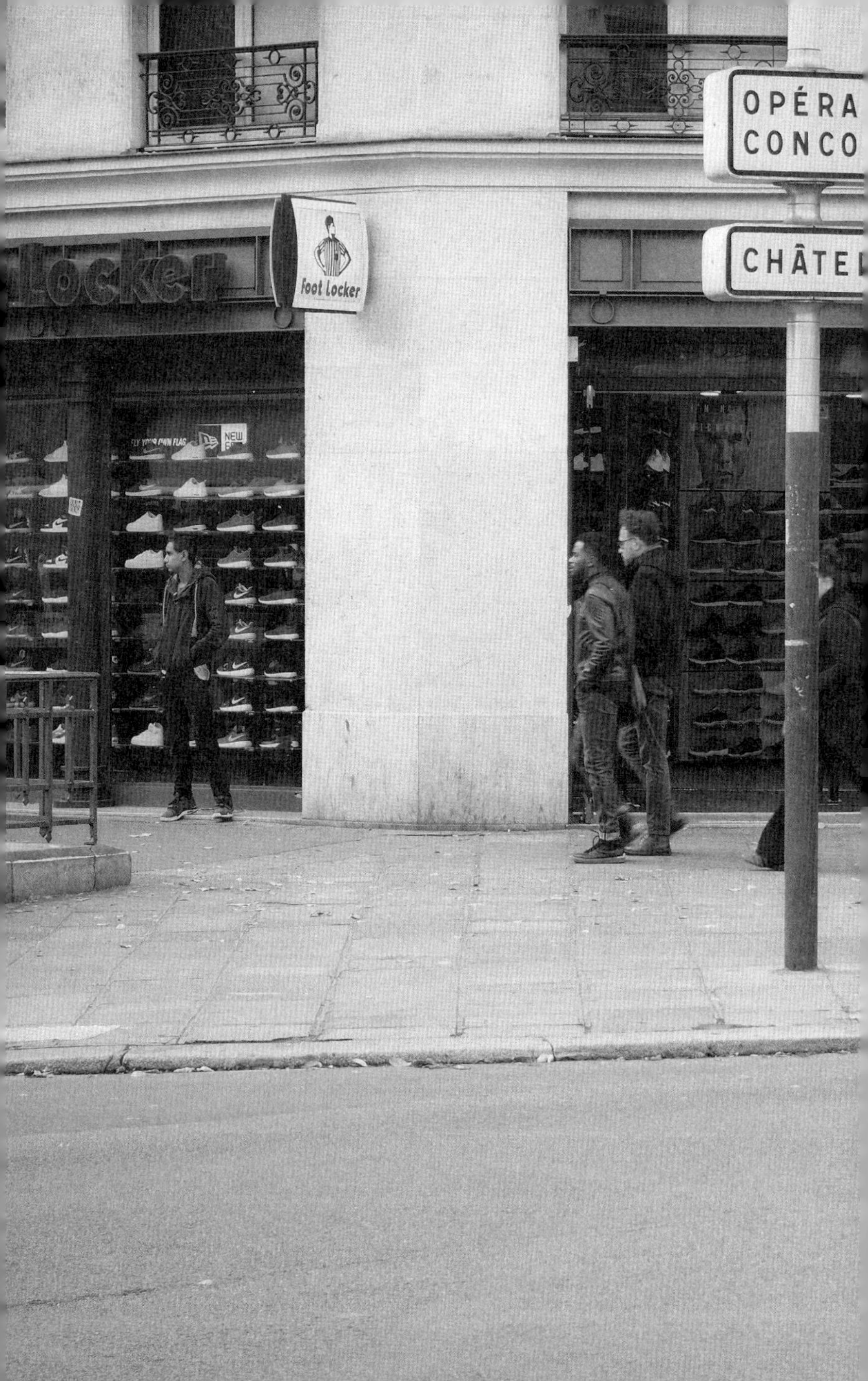
Locker
Foot Locker
NEW
FLY YOUR OWN FLAG
OPÉRA
CONCO
CHÂTEL

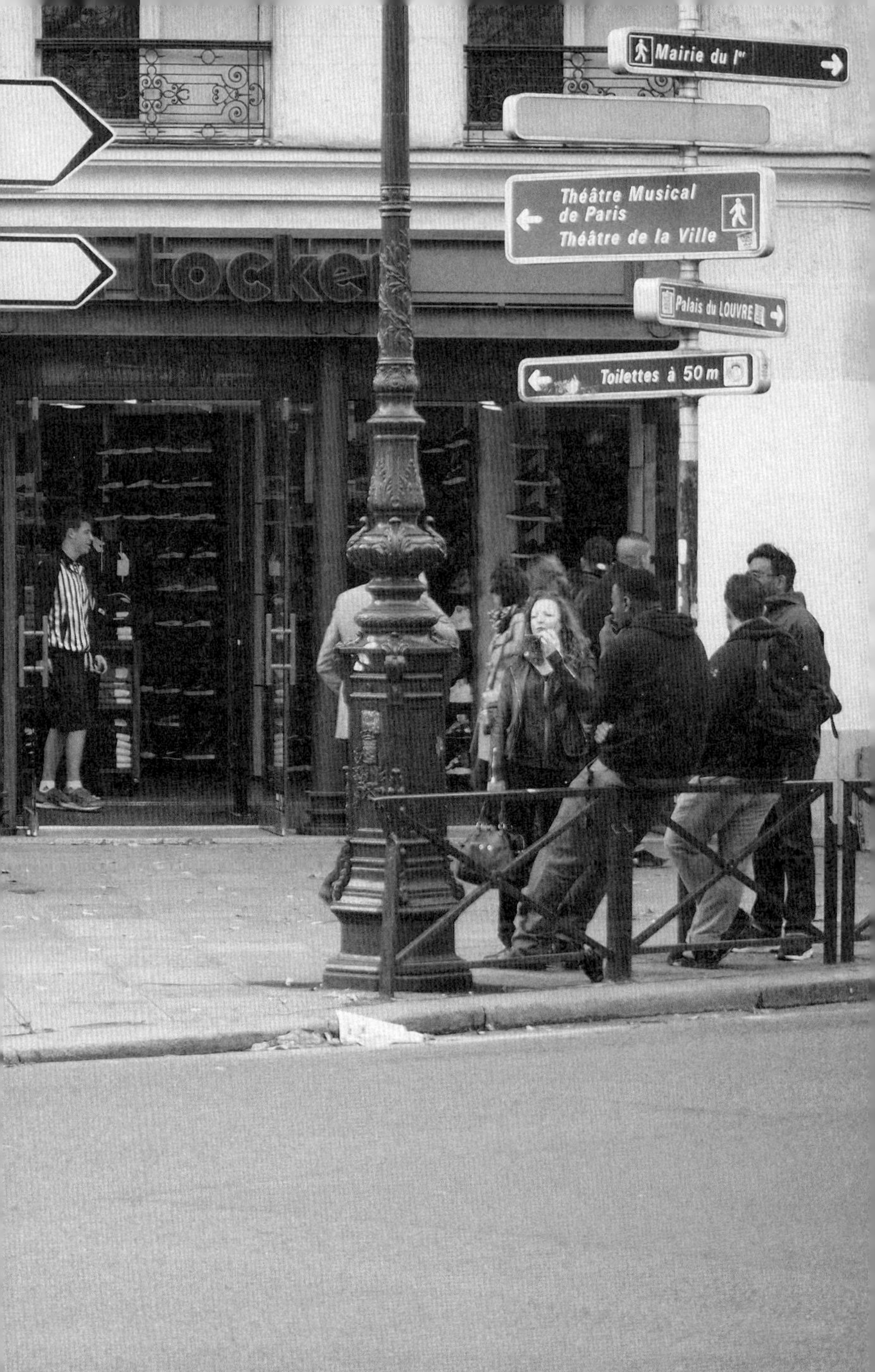
Mairie du Ier
Théâtre Musical
de Paris
Théâtre de la Ville
Palais du LOUVRE
Toilettes à 50 m
tocke

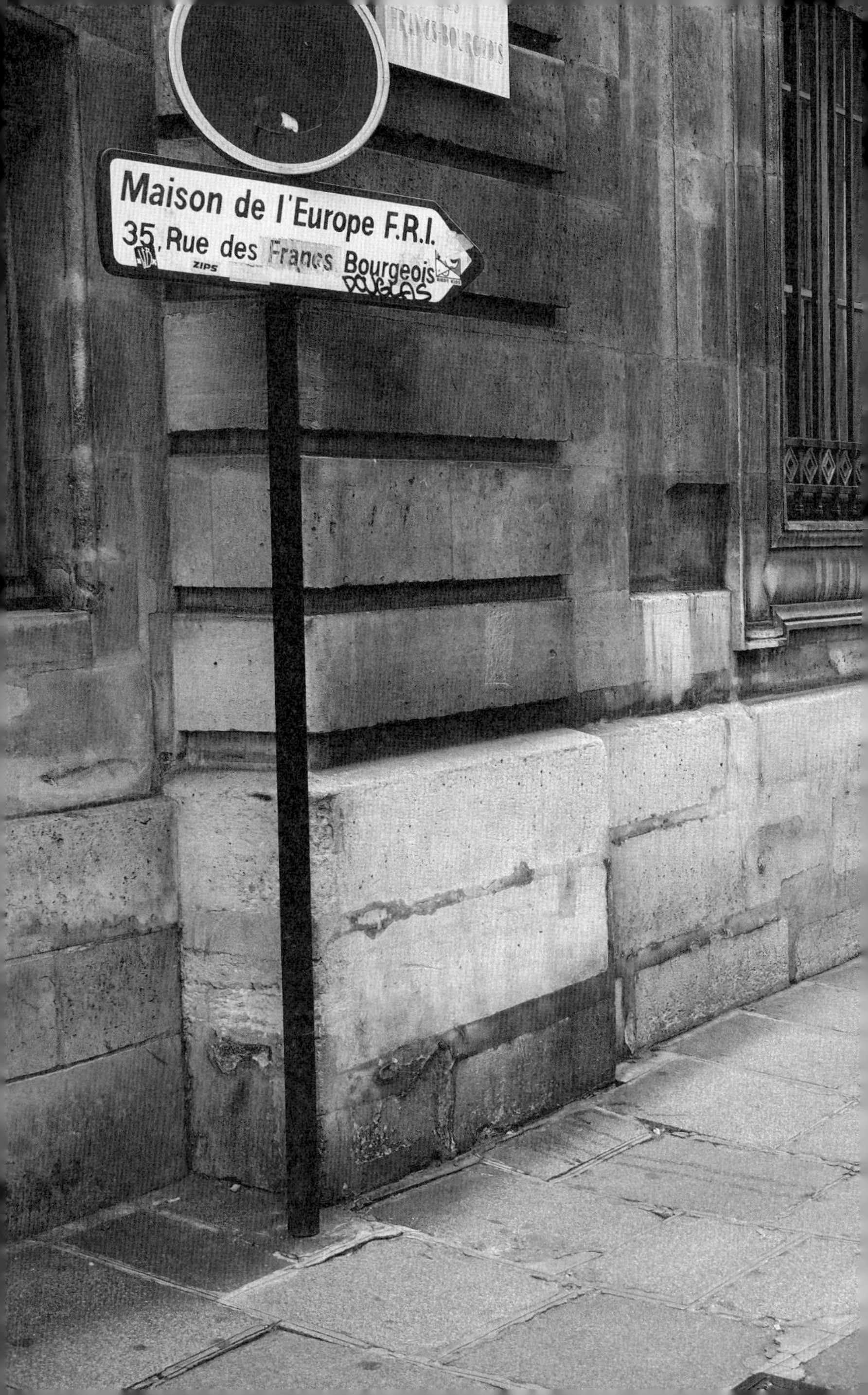
FRANCS BOURGEOIS
Maison de l'Europe F.R.I.
35, Rue des Francs Bourgeois
ZIPS

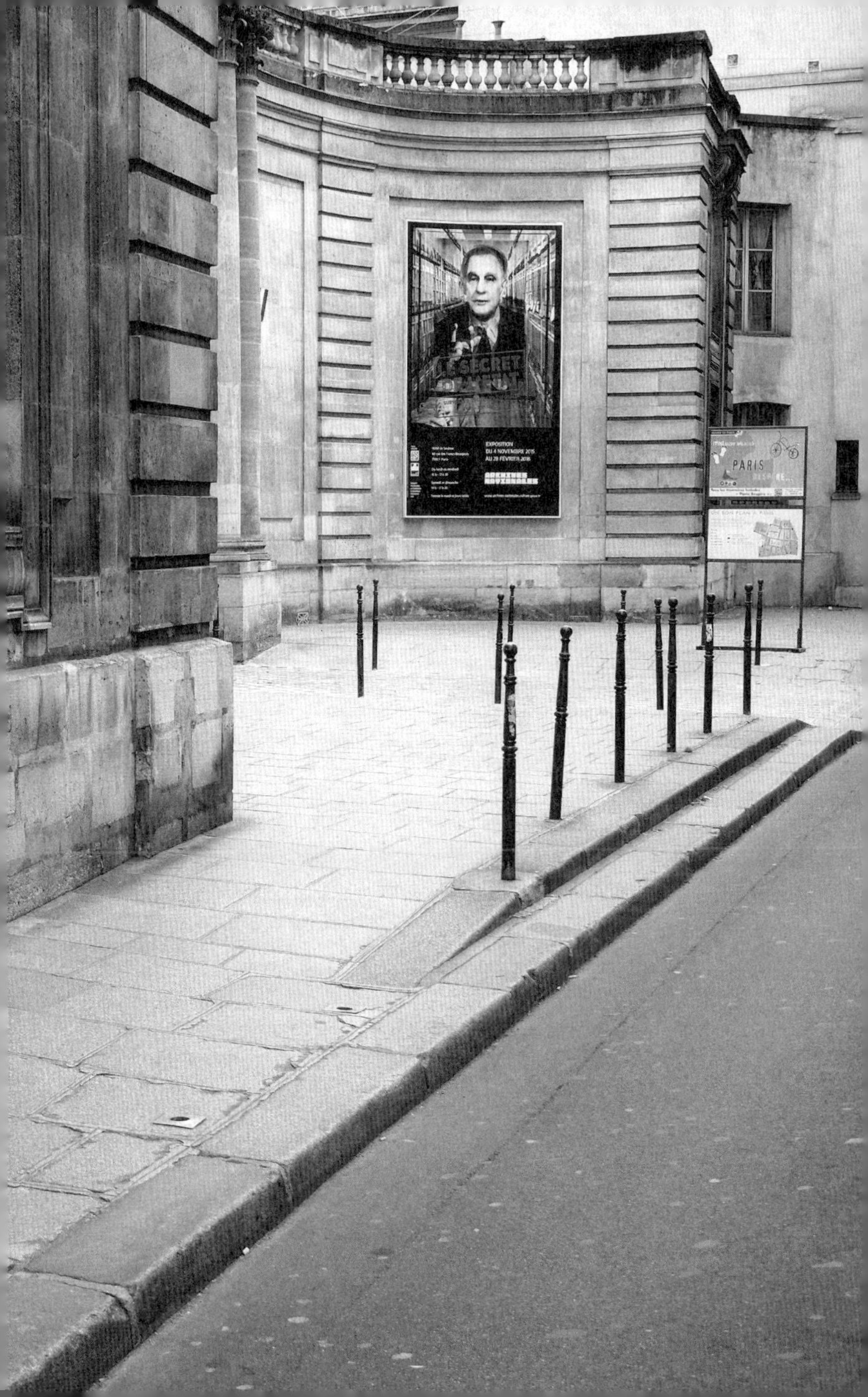

LE SECRET DE L'ÉTAT
EXPOSITION
DU 4 NOVEMBRE 2015
AU 28 FÉVRIER 2016
ARCHIVES NATIONALES
PARIS

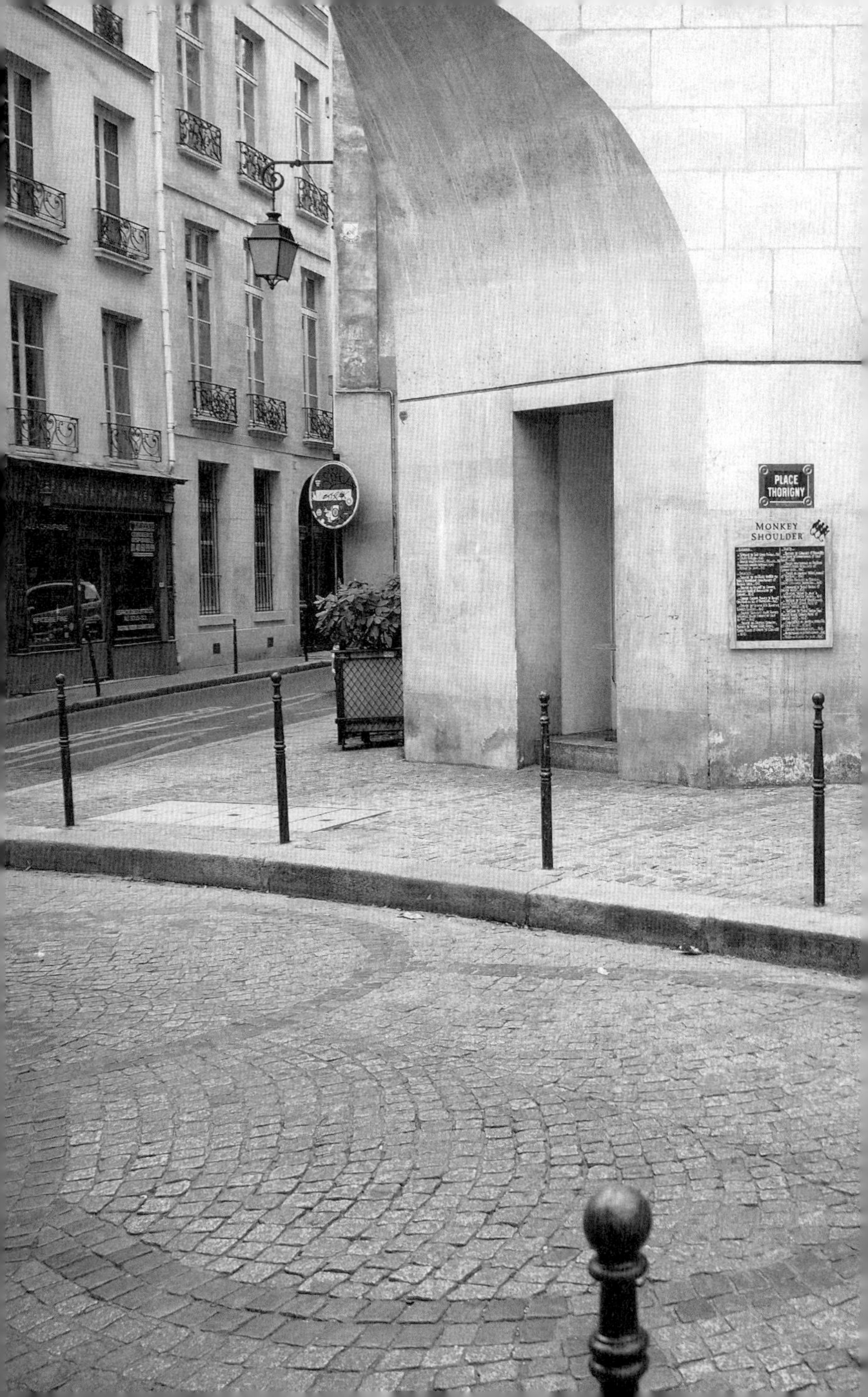

PLACE
THORIGNY
MONKEY
SHOULDER

LE WOOD
LE WOOD

En raison des événeme[nts]

Sommes fermés aujou[rd'hui]

Merci de votre com[préhension]

gb

Hoes
i -
ion .
)

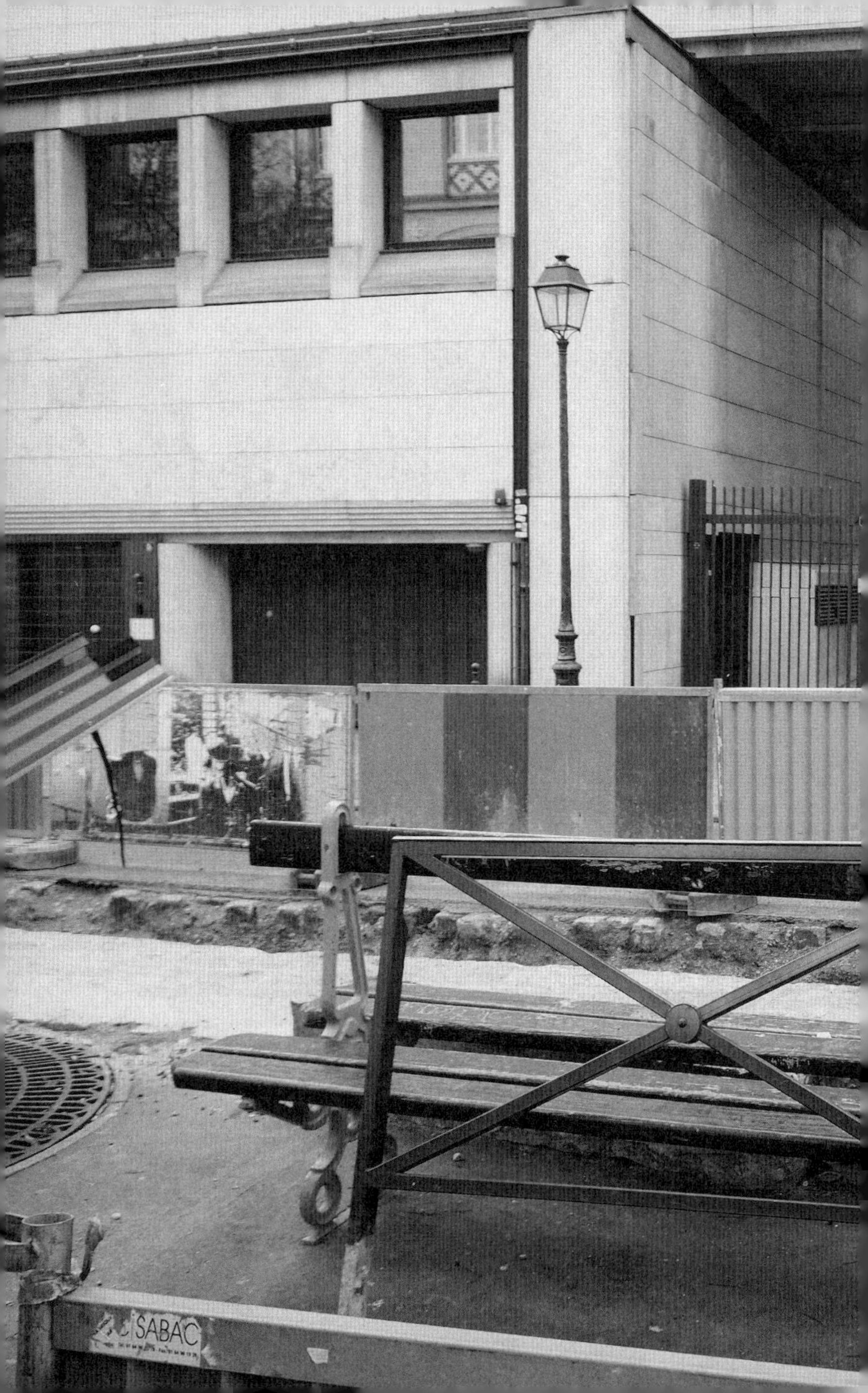
SABAC

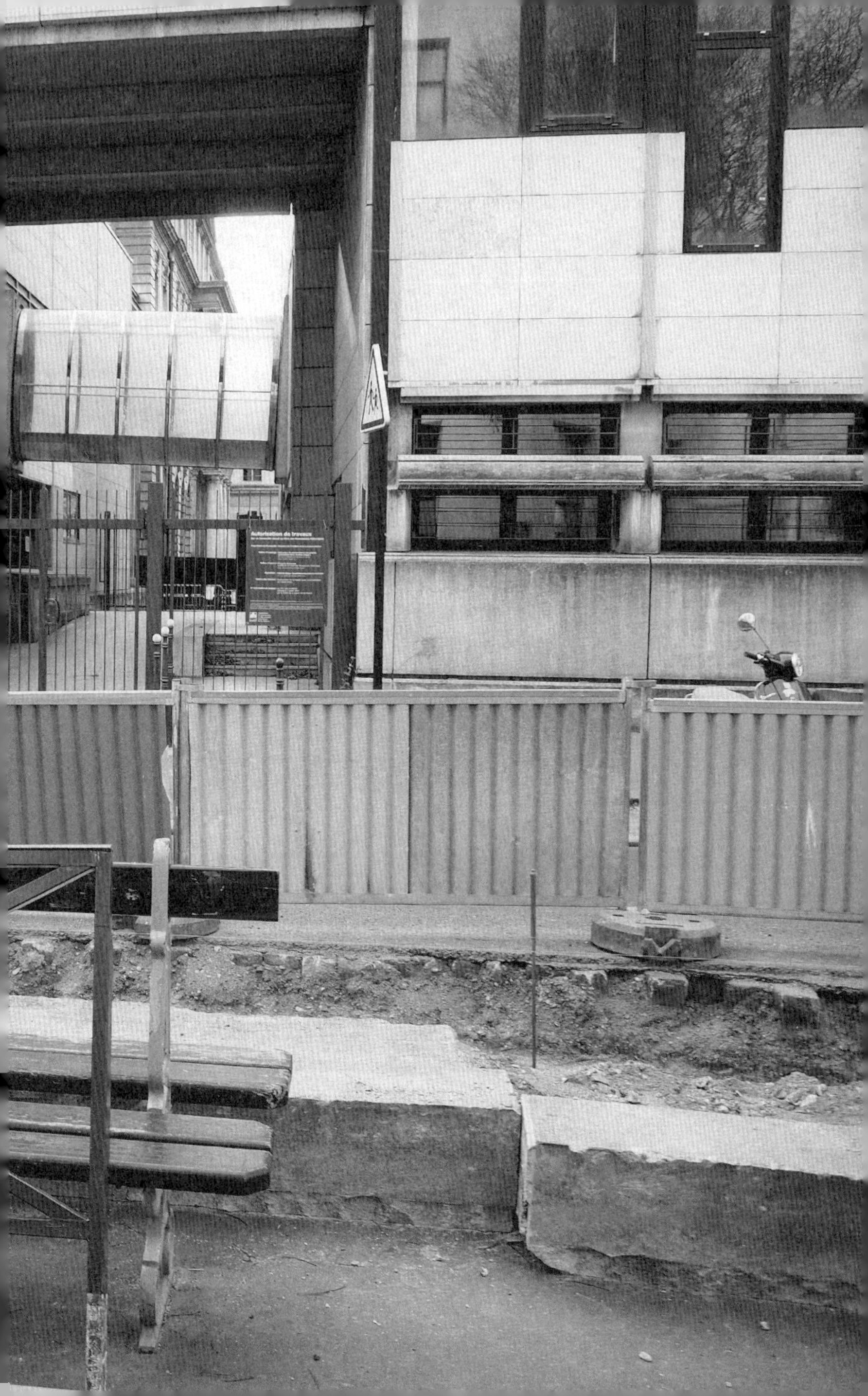

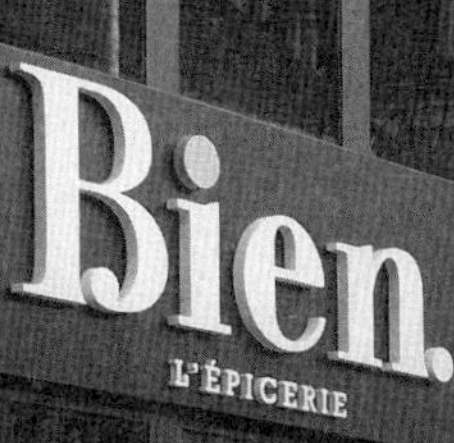

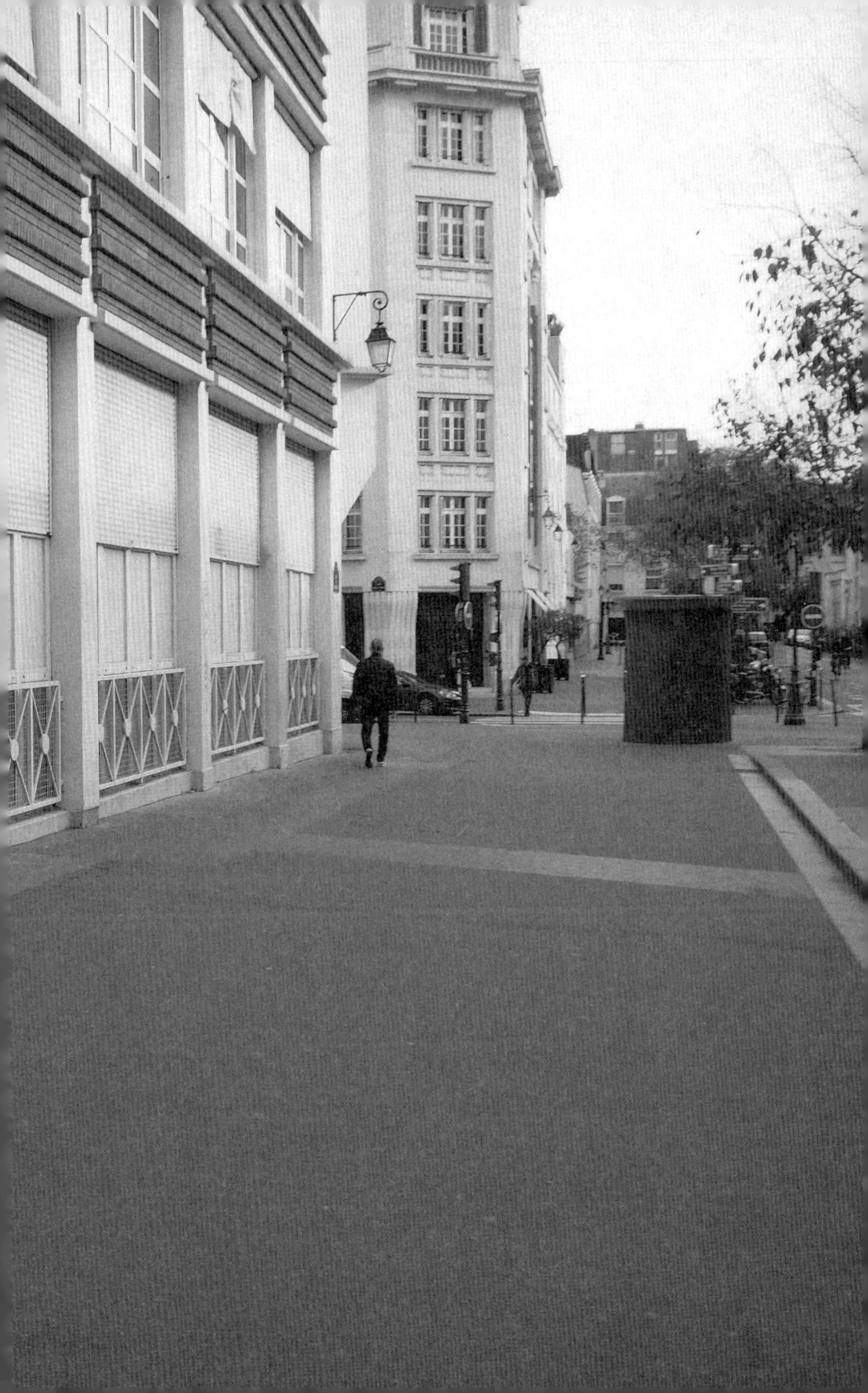

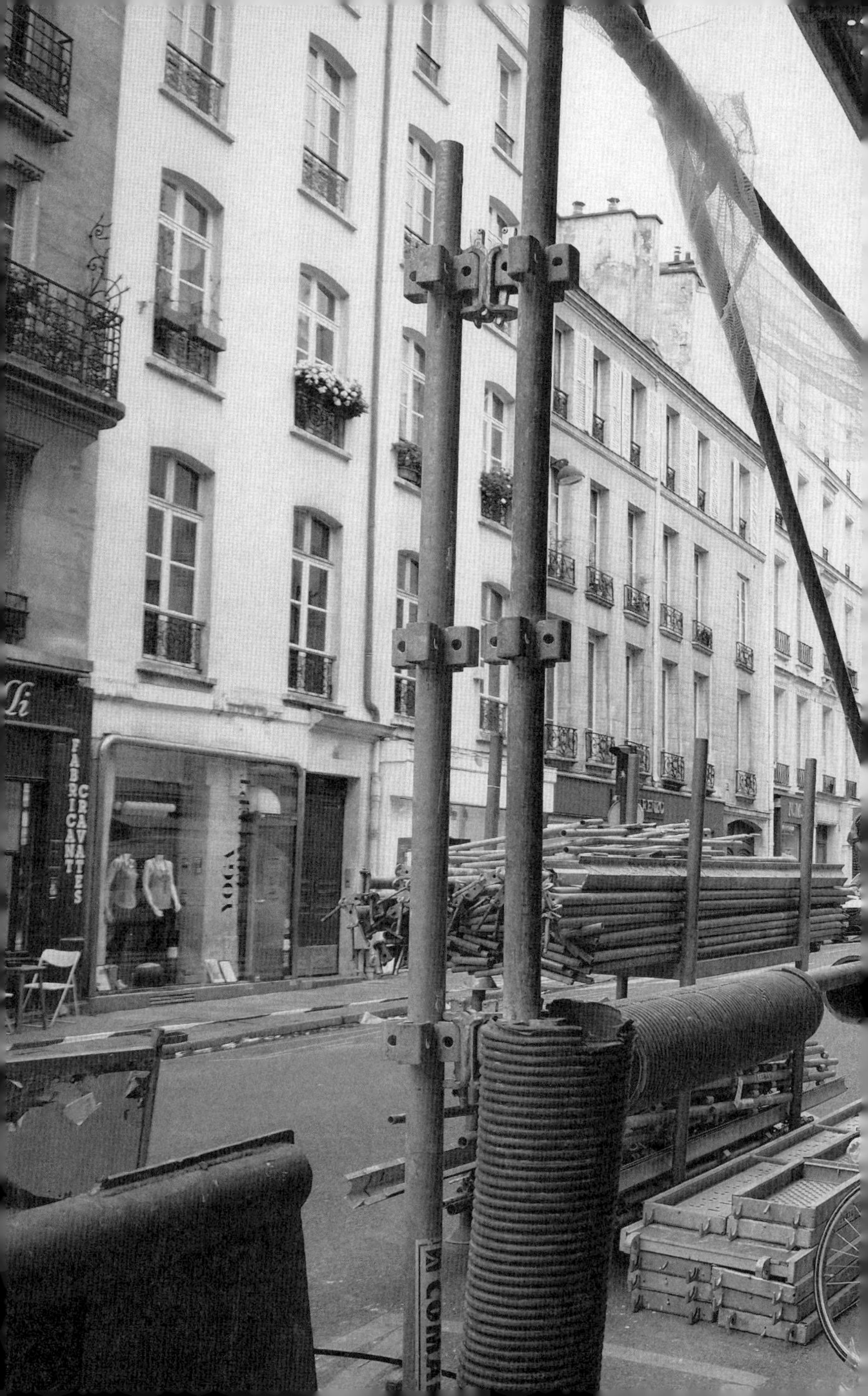

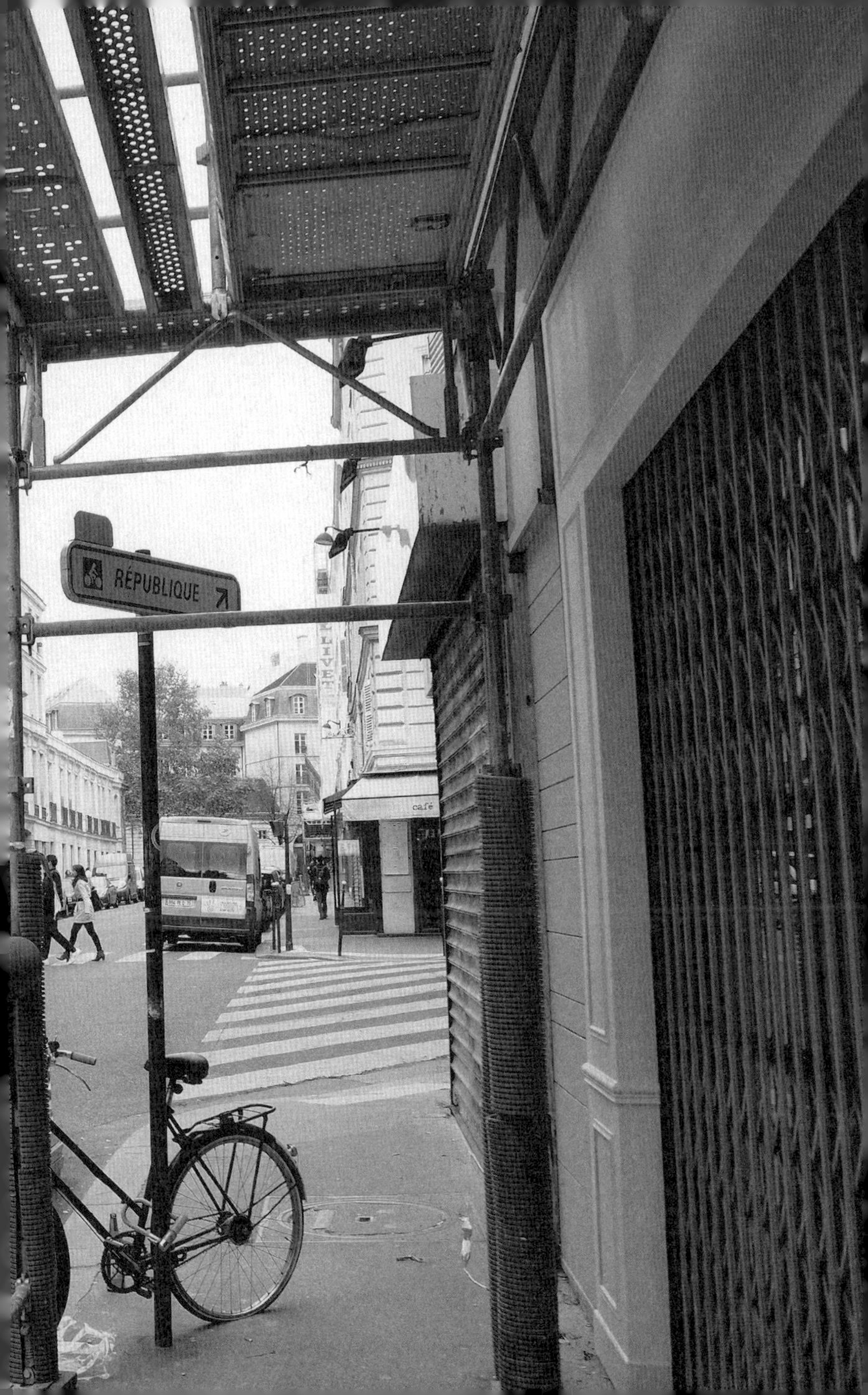

RÉPUBLIQUE
café

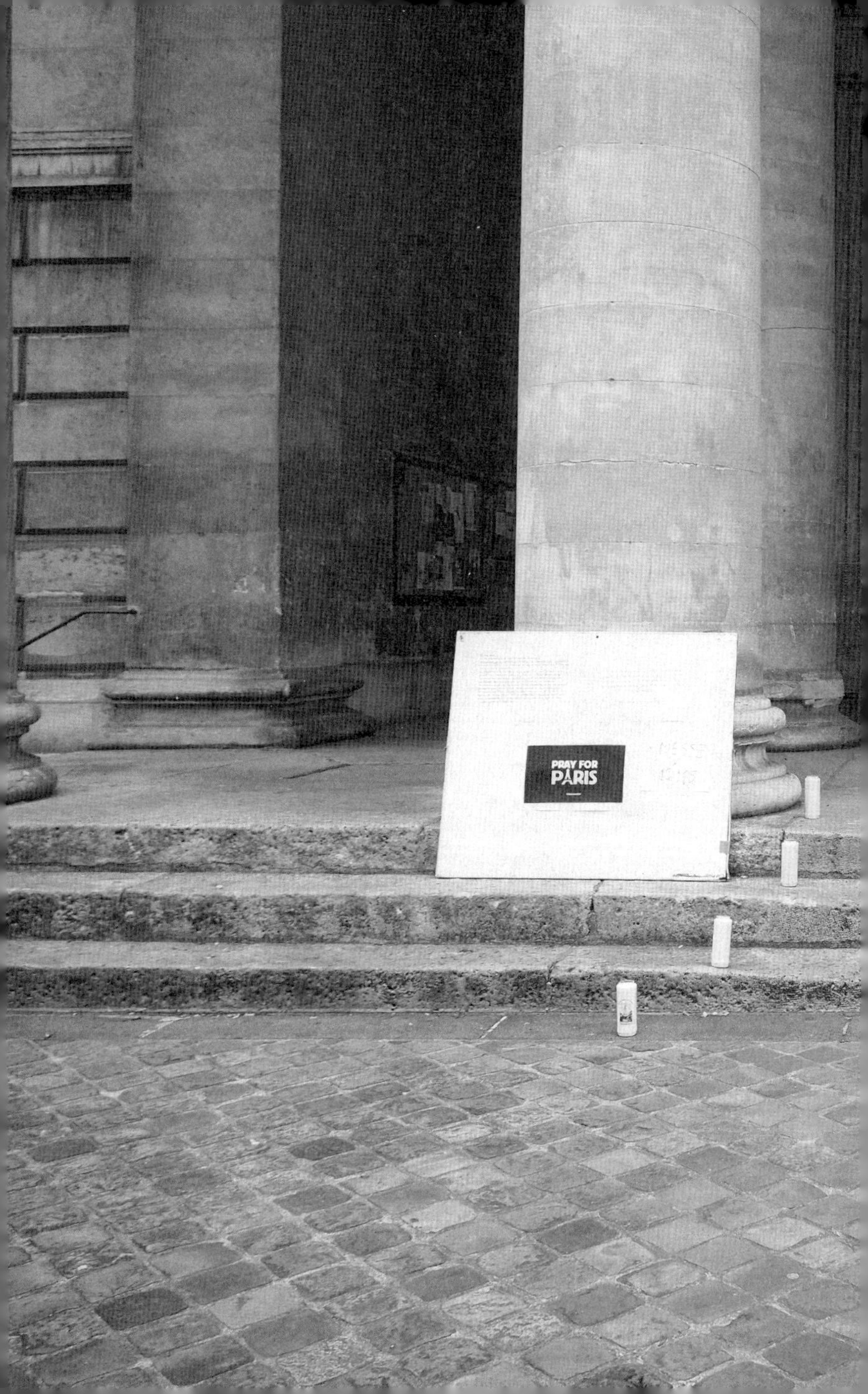
PRAY FOR
PARIS

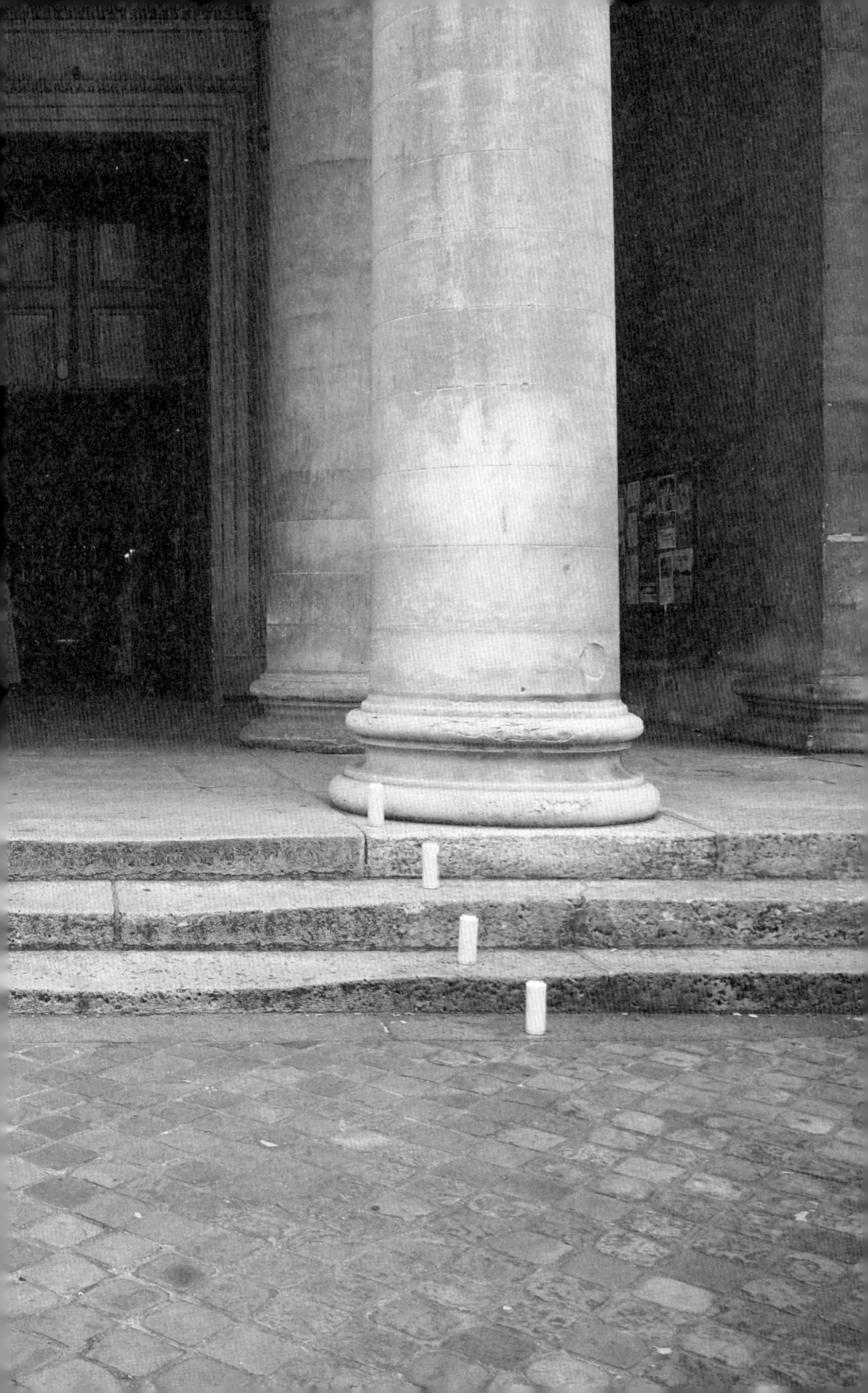

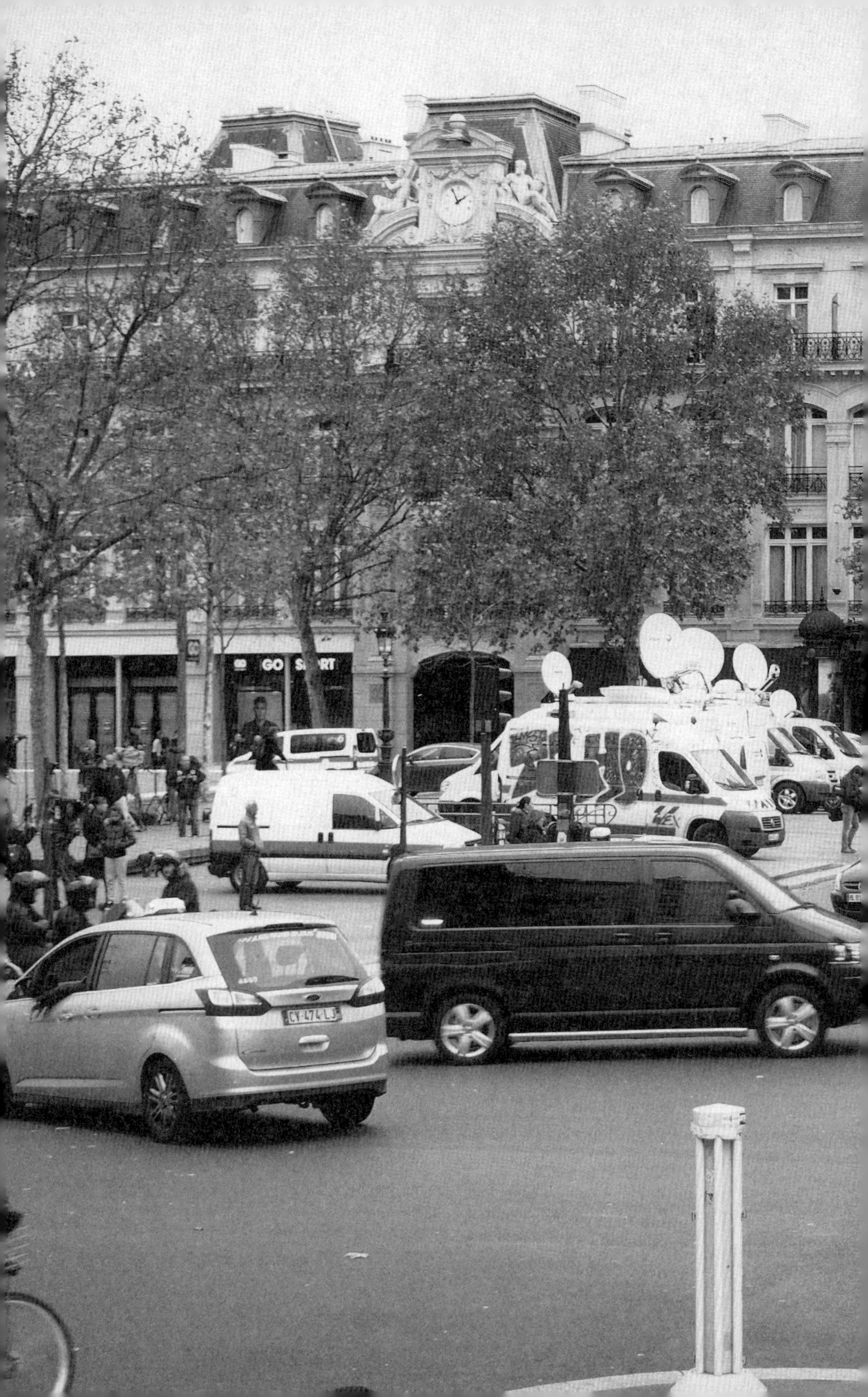
GO SPORT

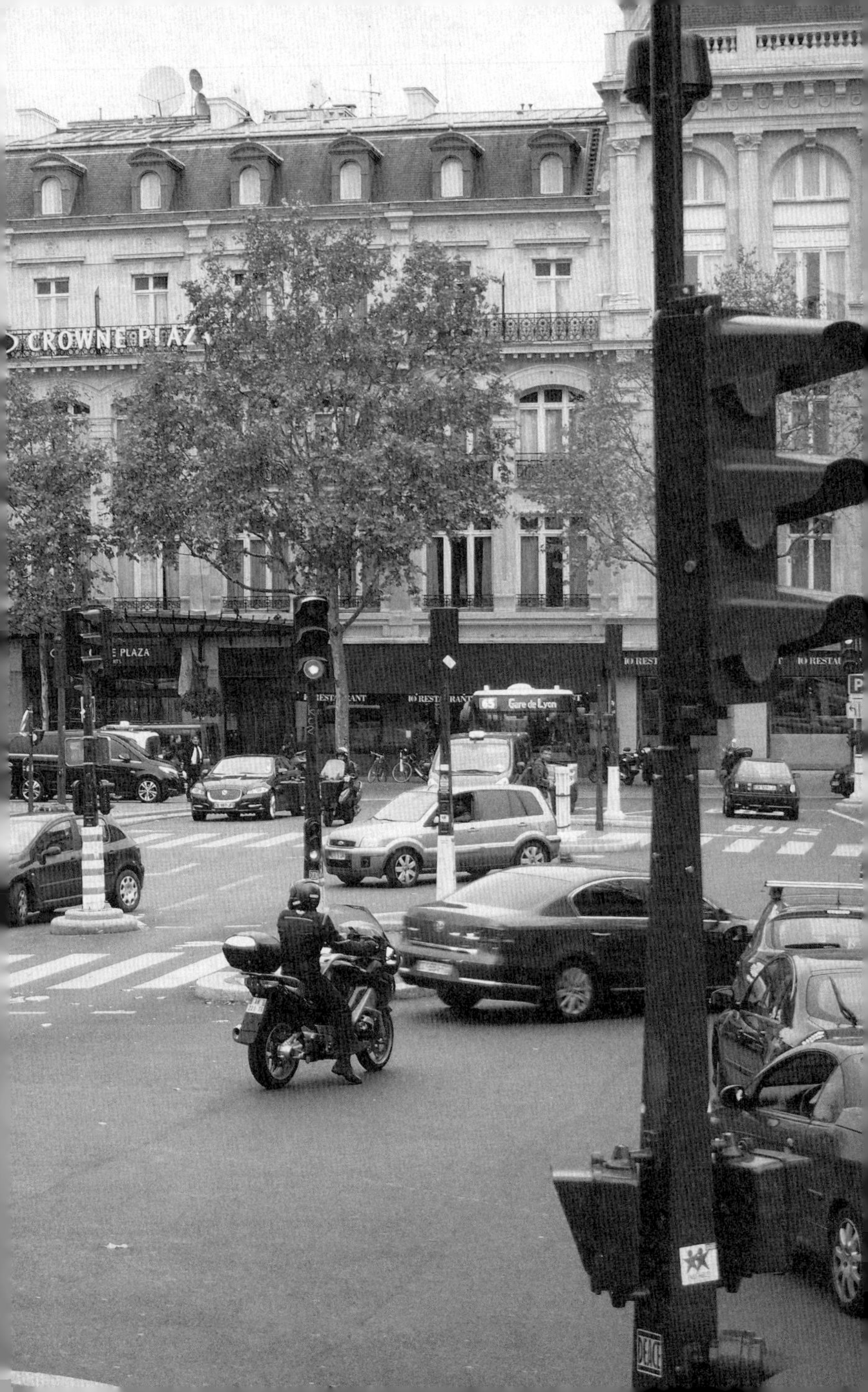

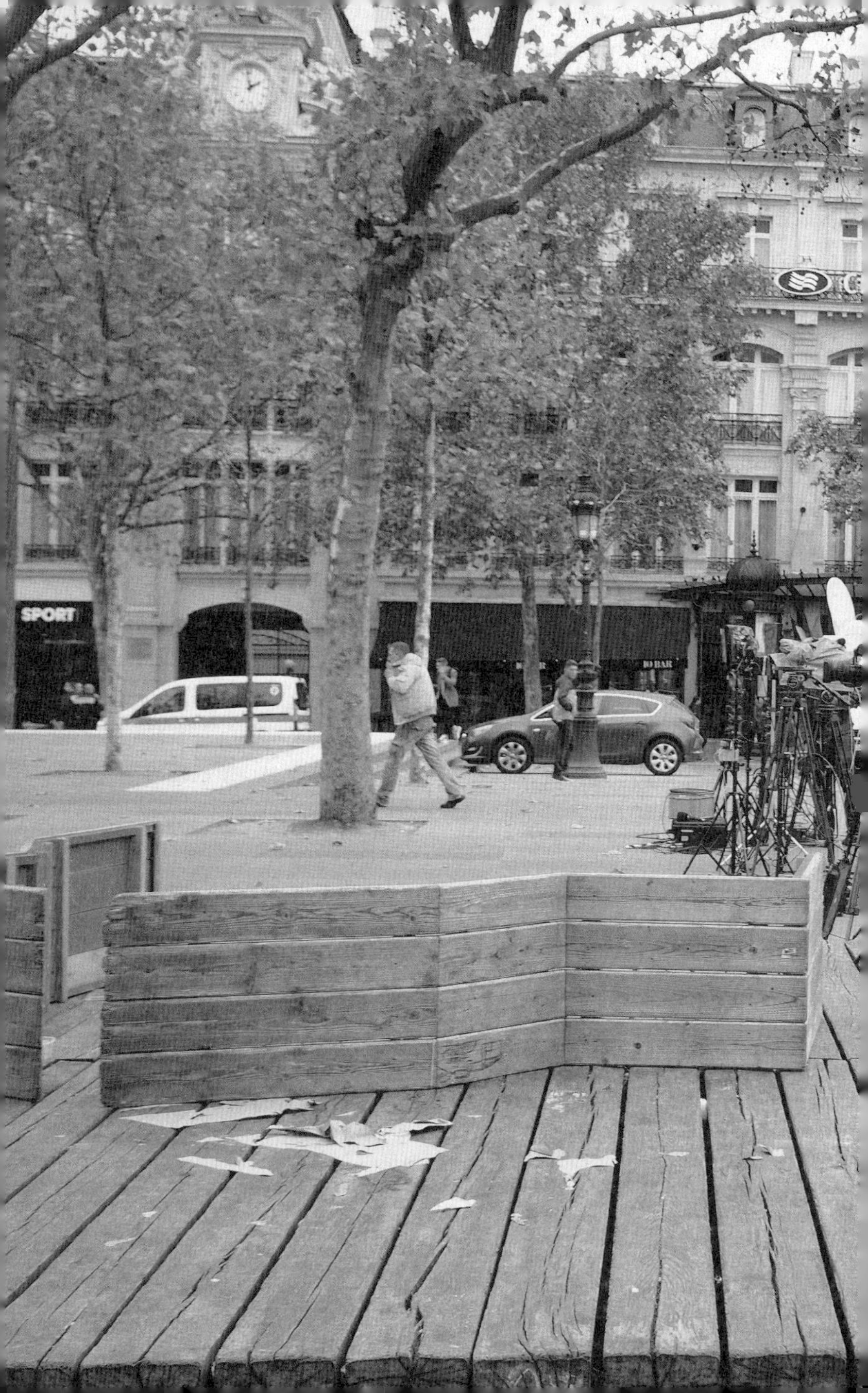

SPORT

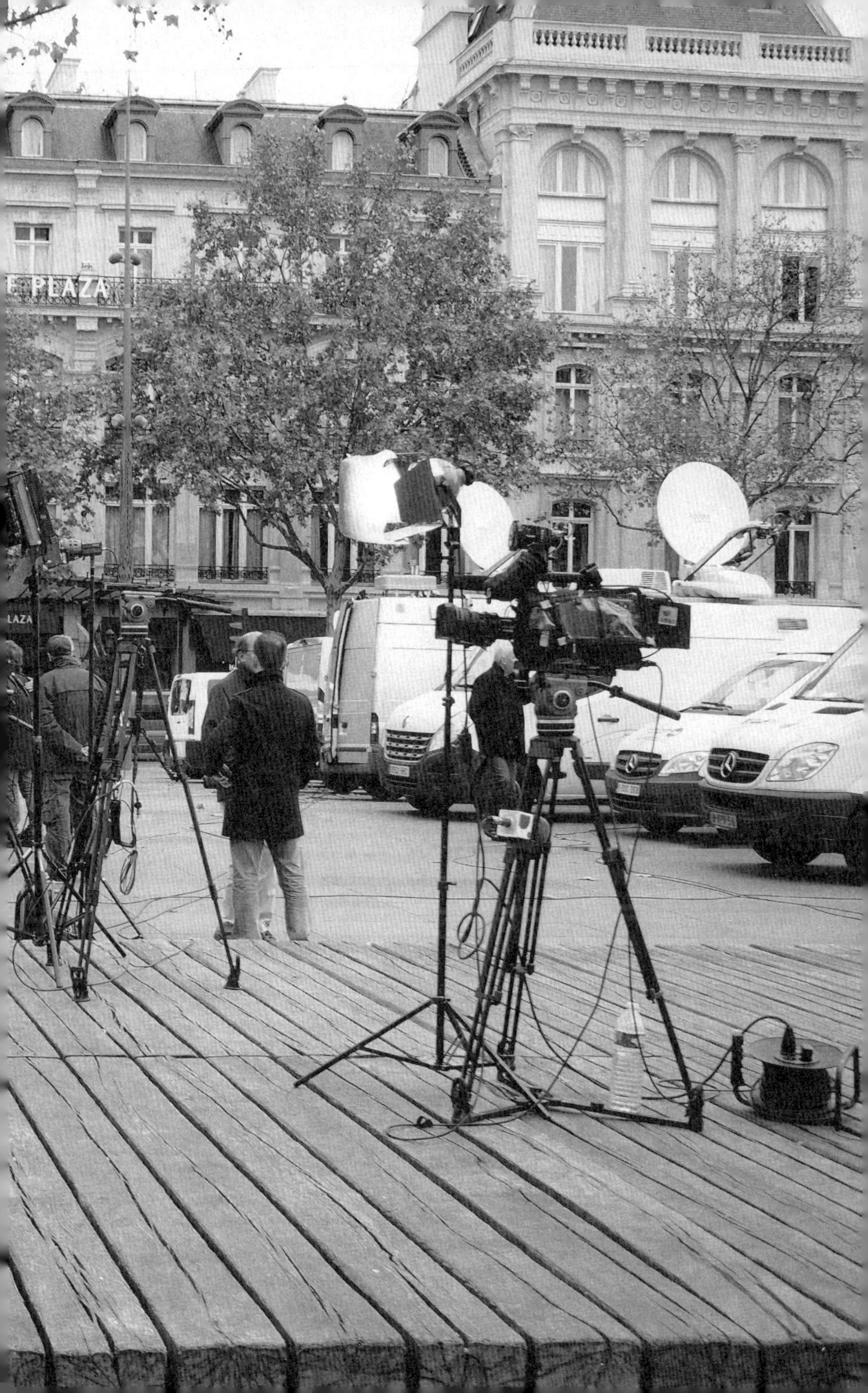

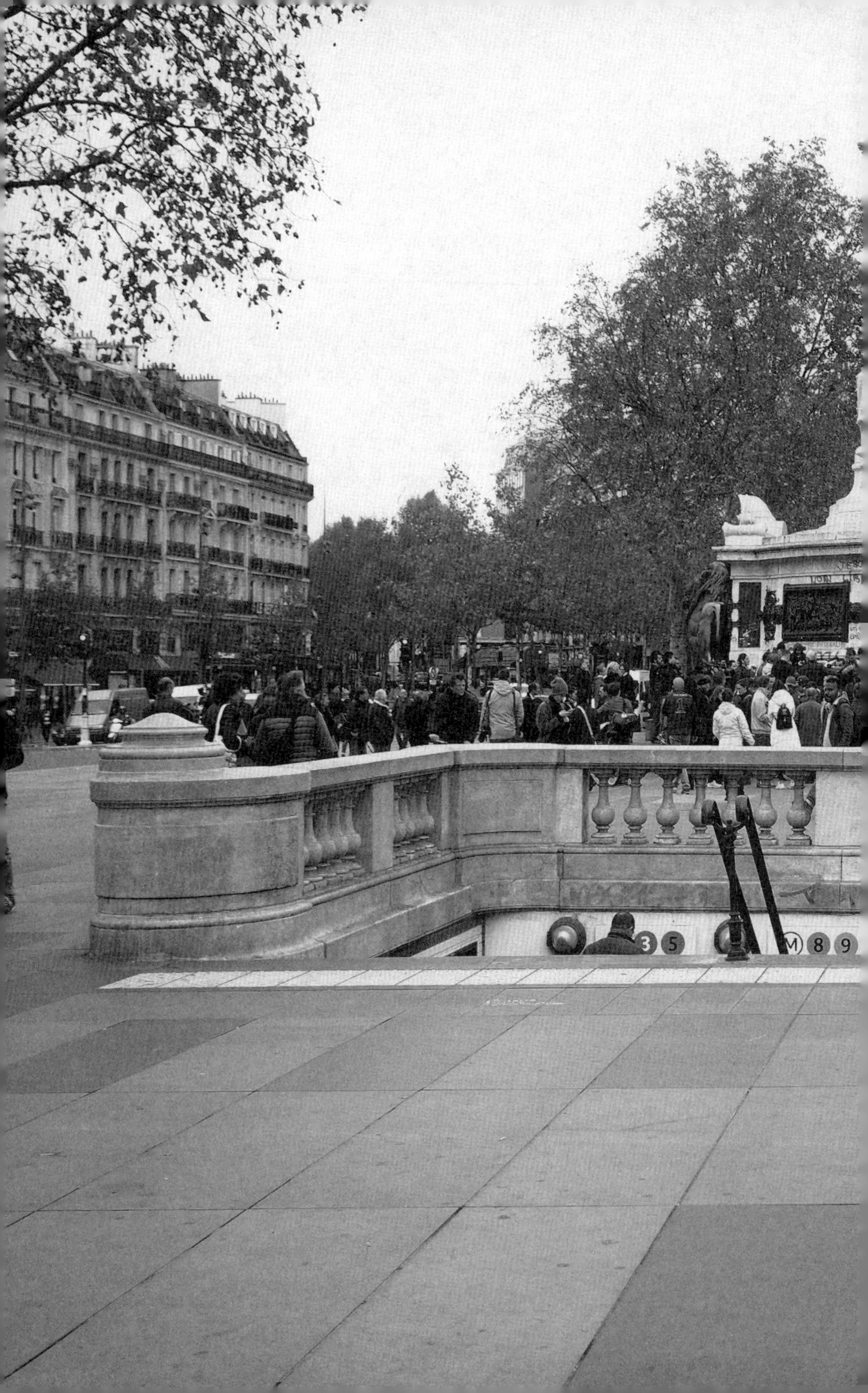

3 5
M 8 9

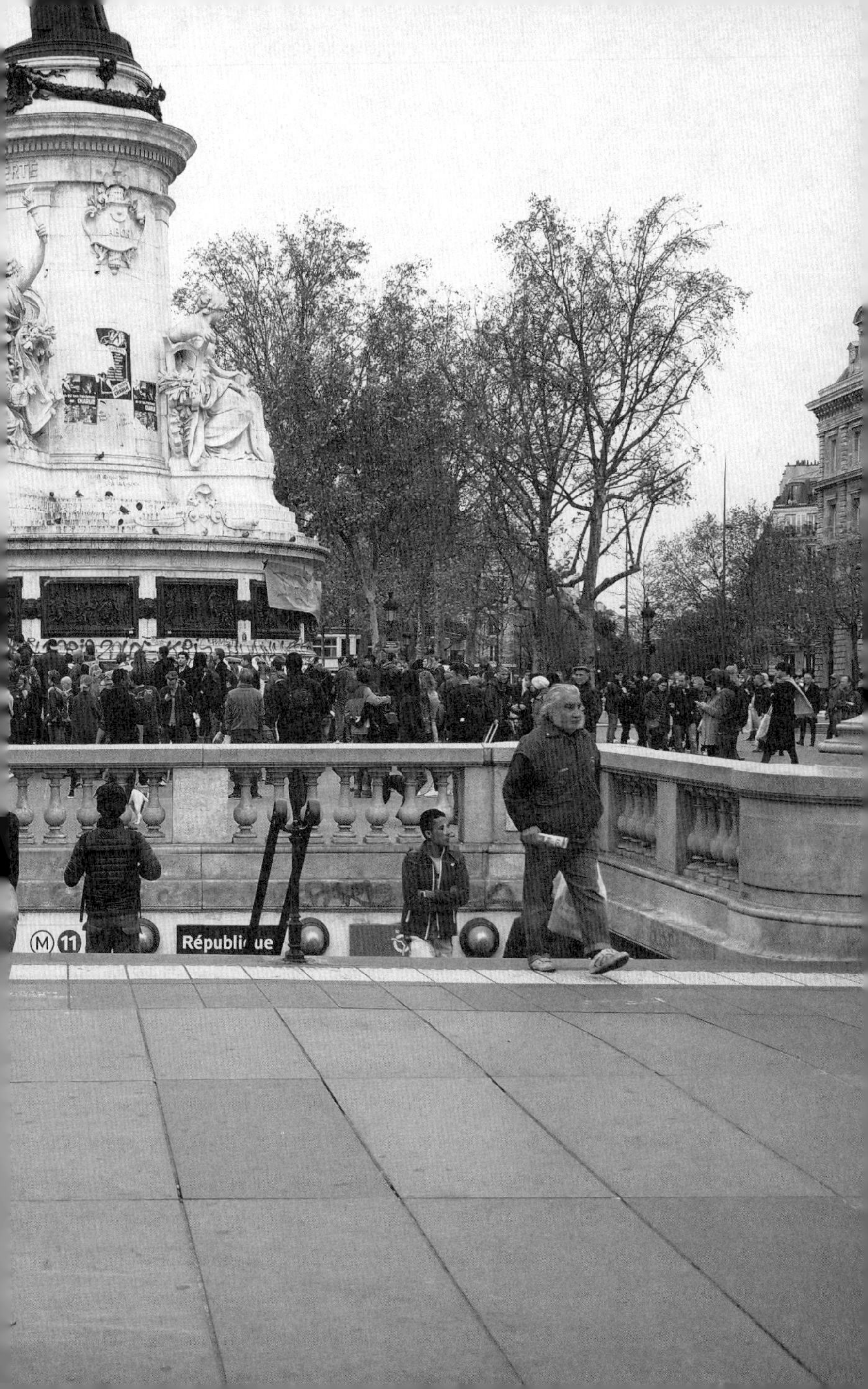
M 11 République

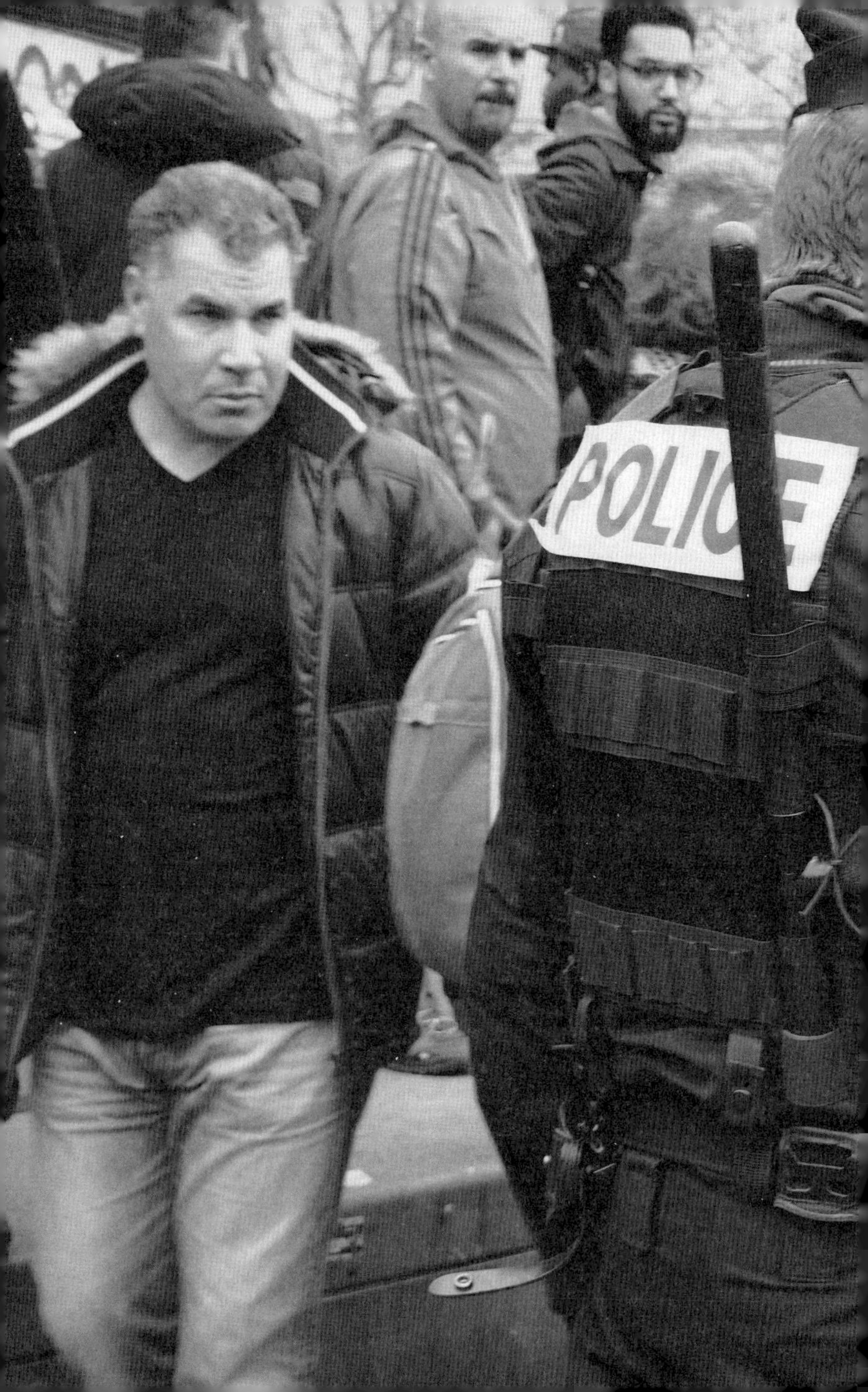
POLICE

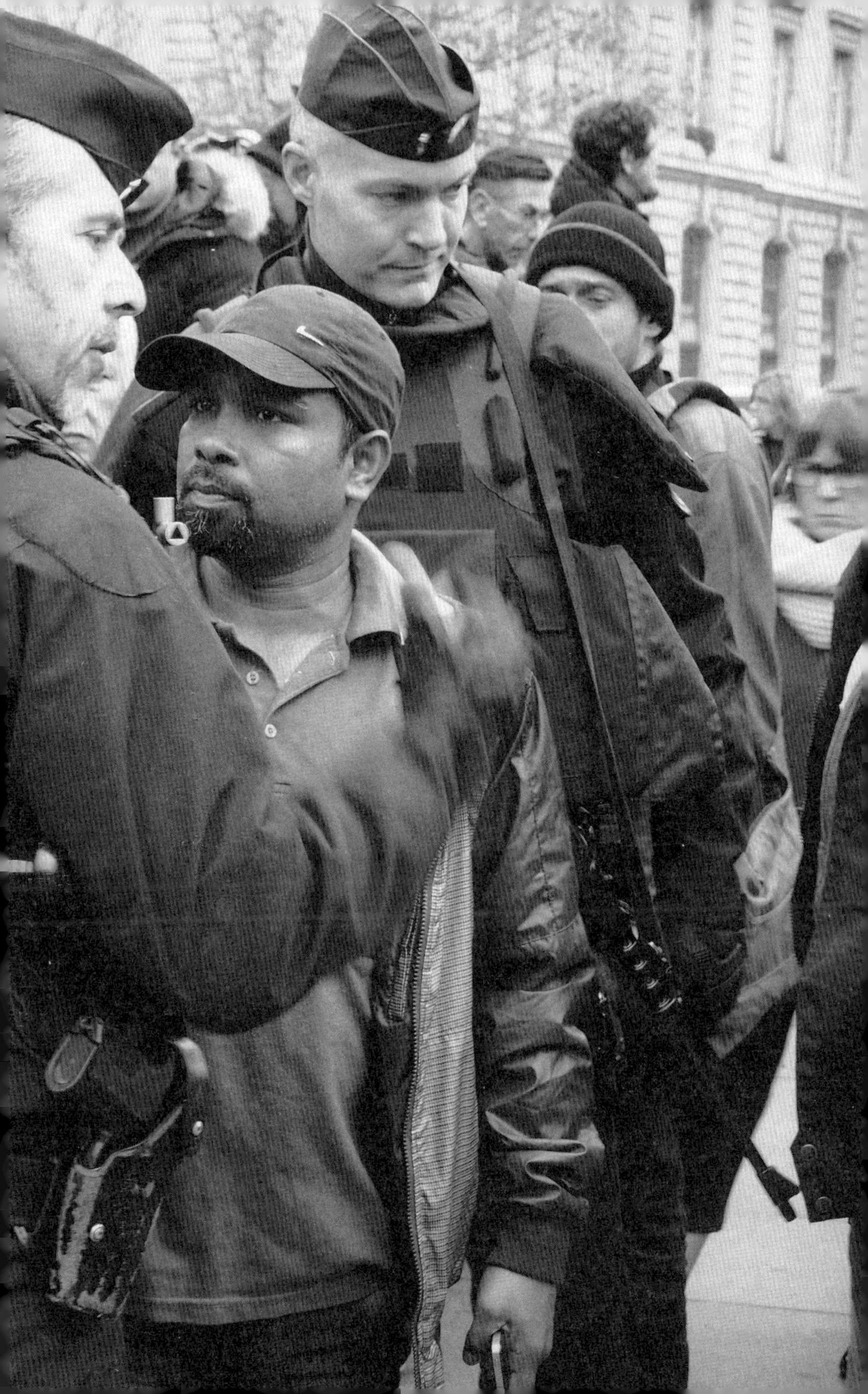

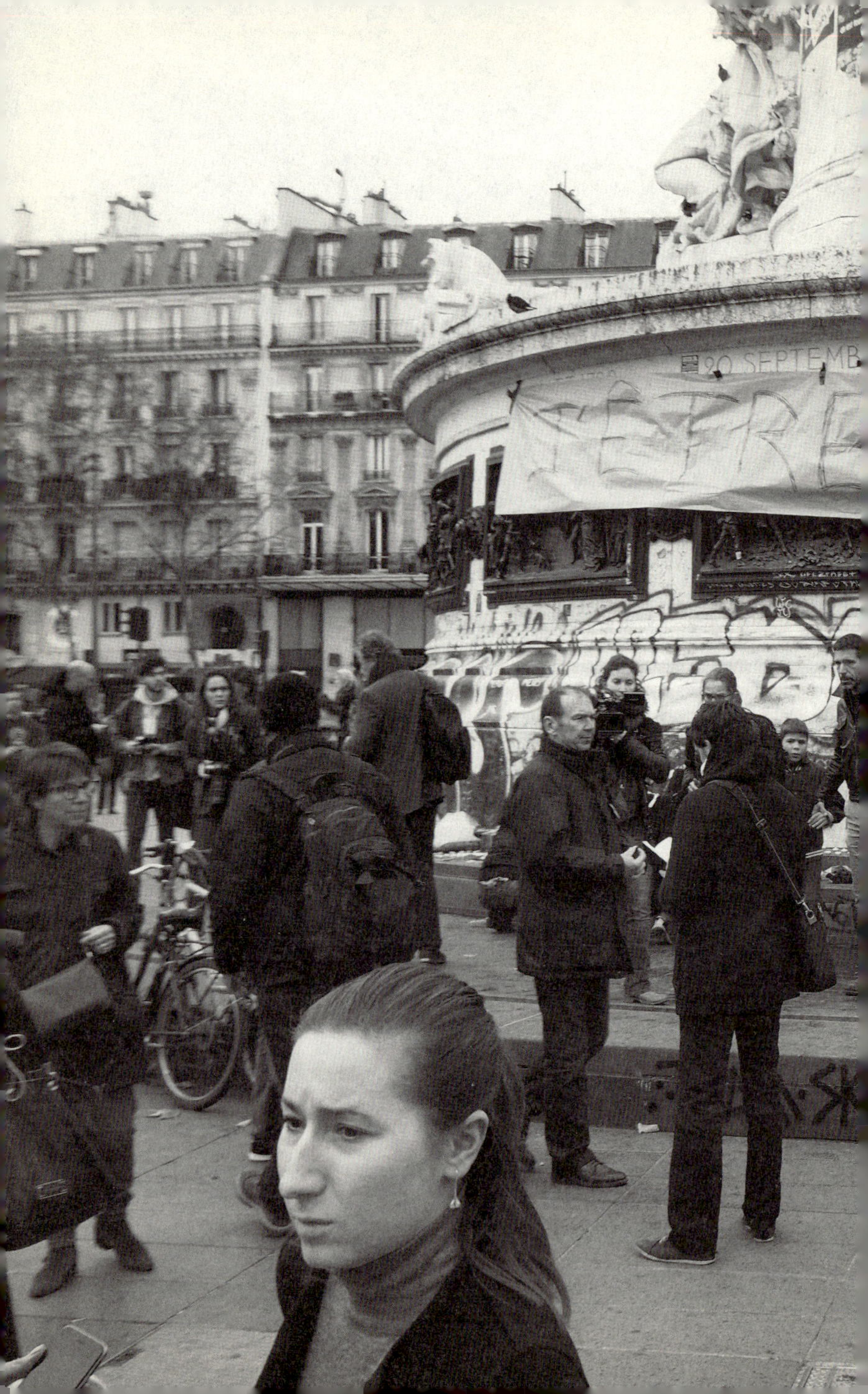
20 SEPTEMB
LIBRE

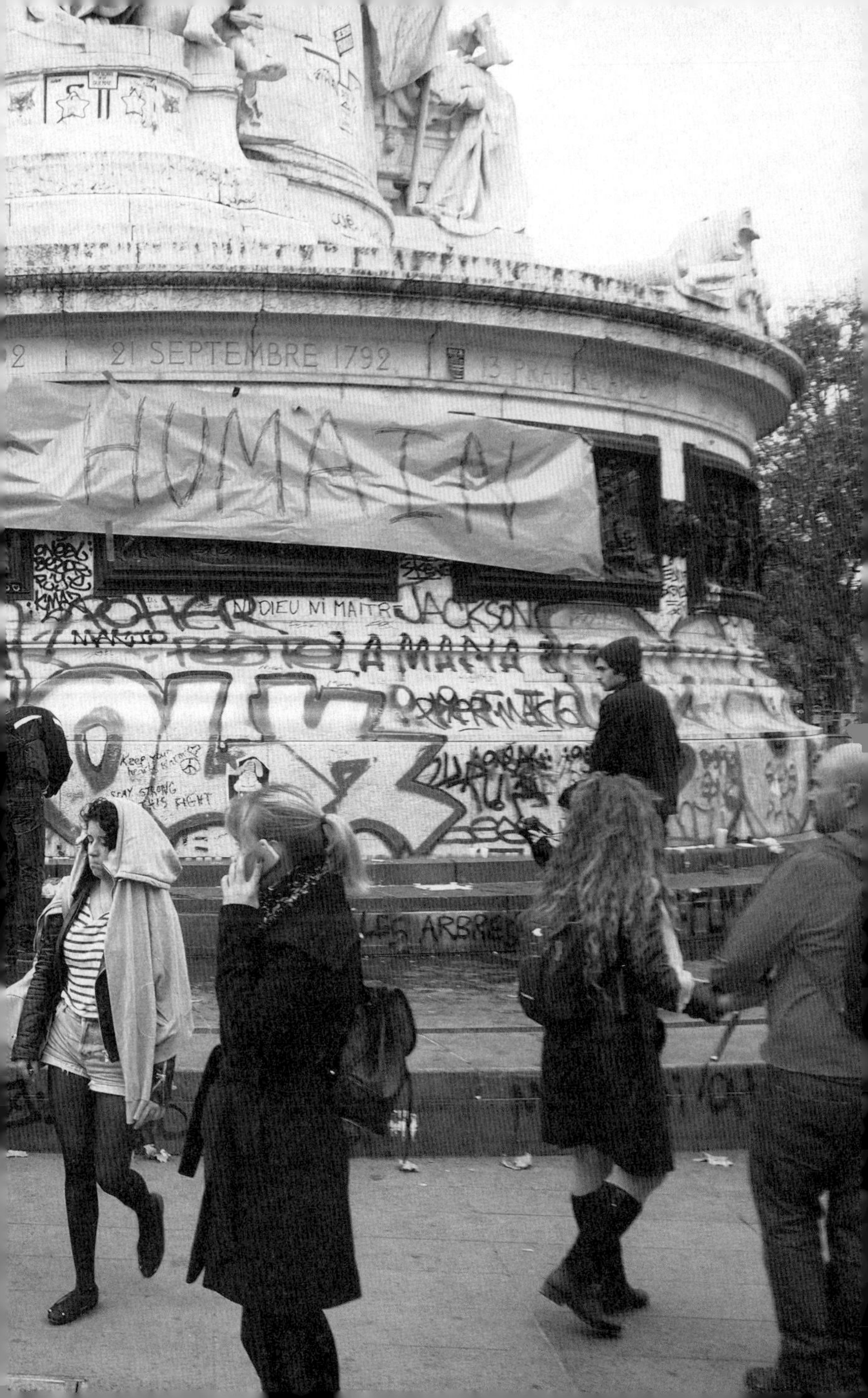

21 SEPTEMBRE 1792
HUMA TY
NI DIEU NI MAITRE
JACKSON
LA MAFIA
Keep your
head high
STAY STRONG
THIS FIGHT
LES ARBRE

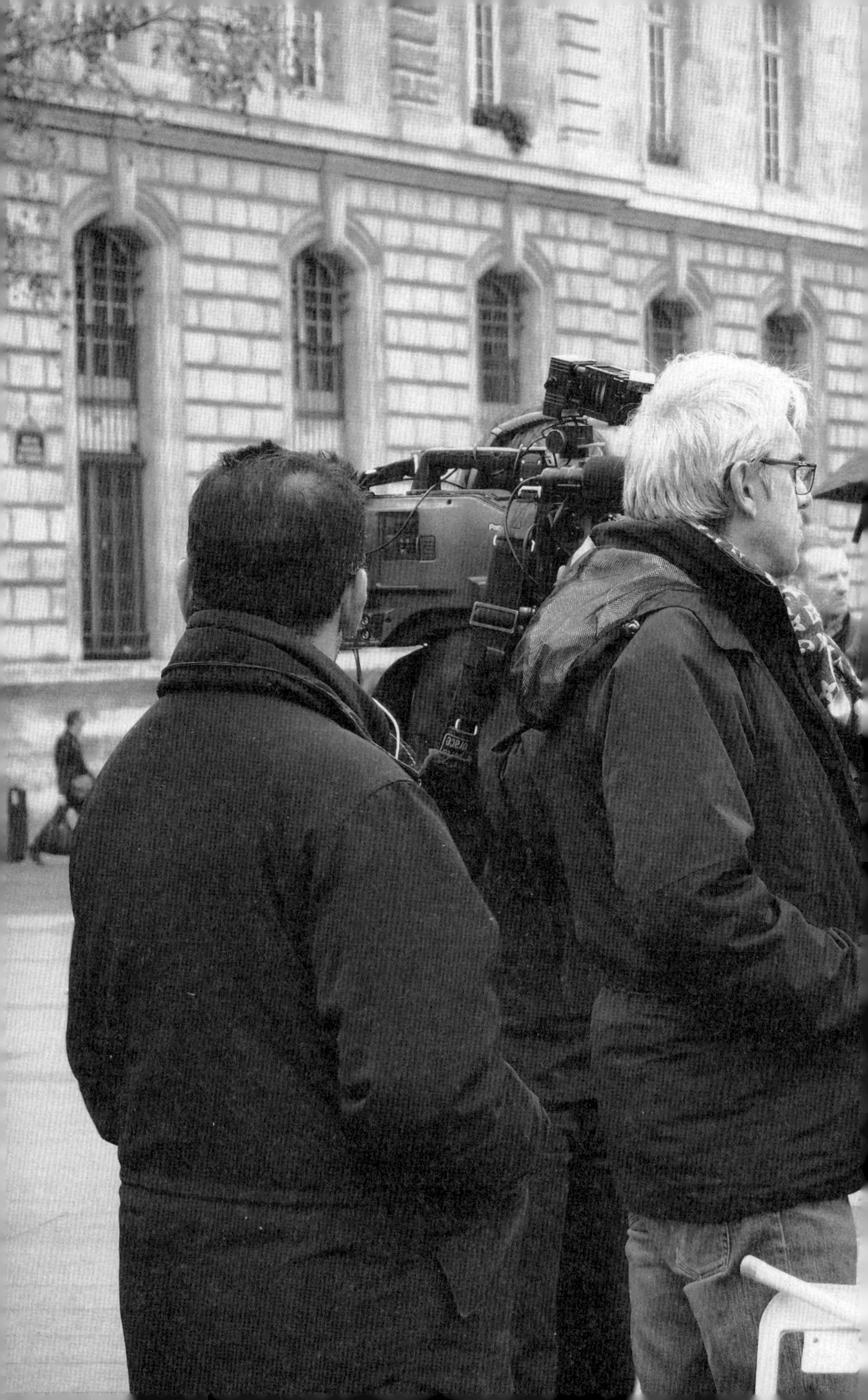

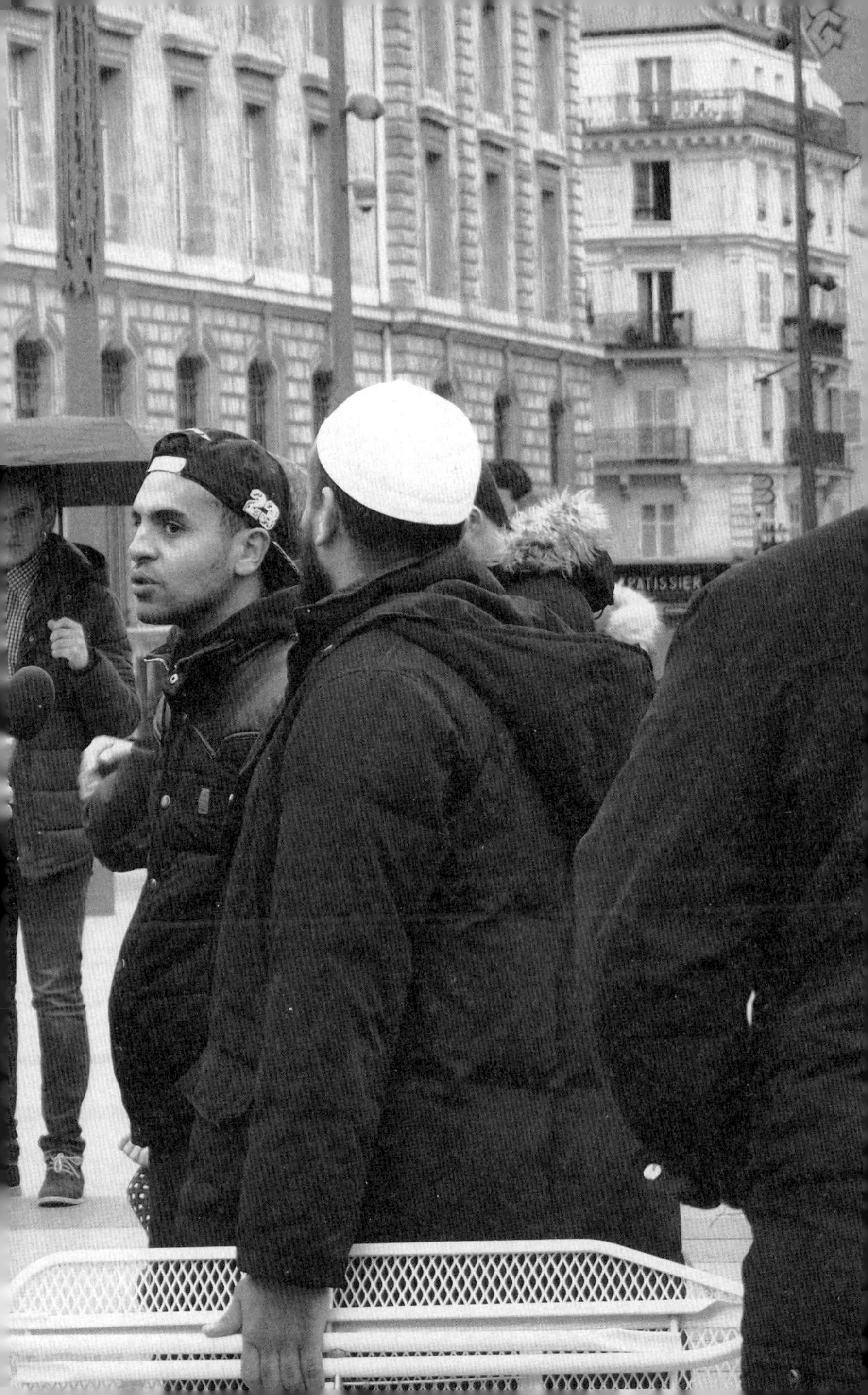

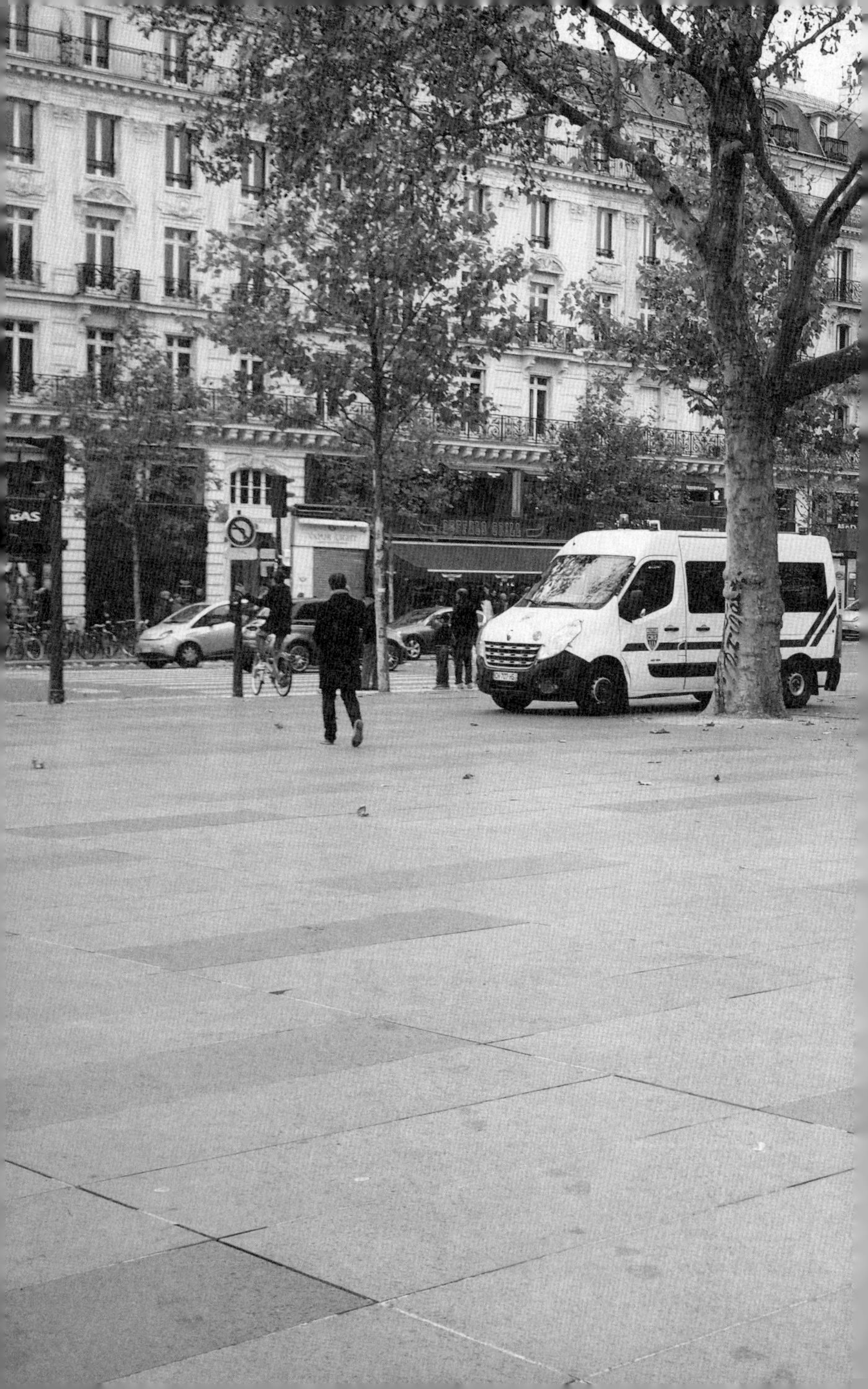

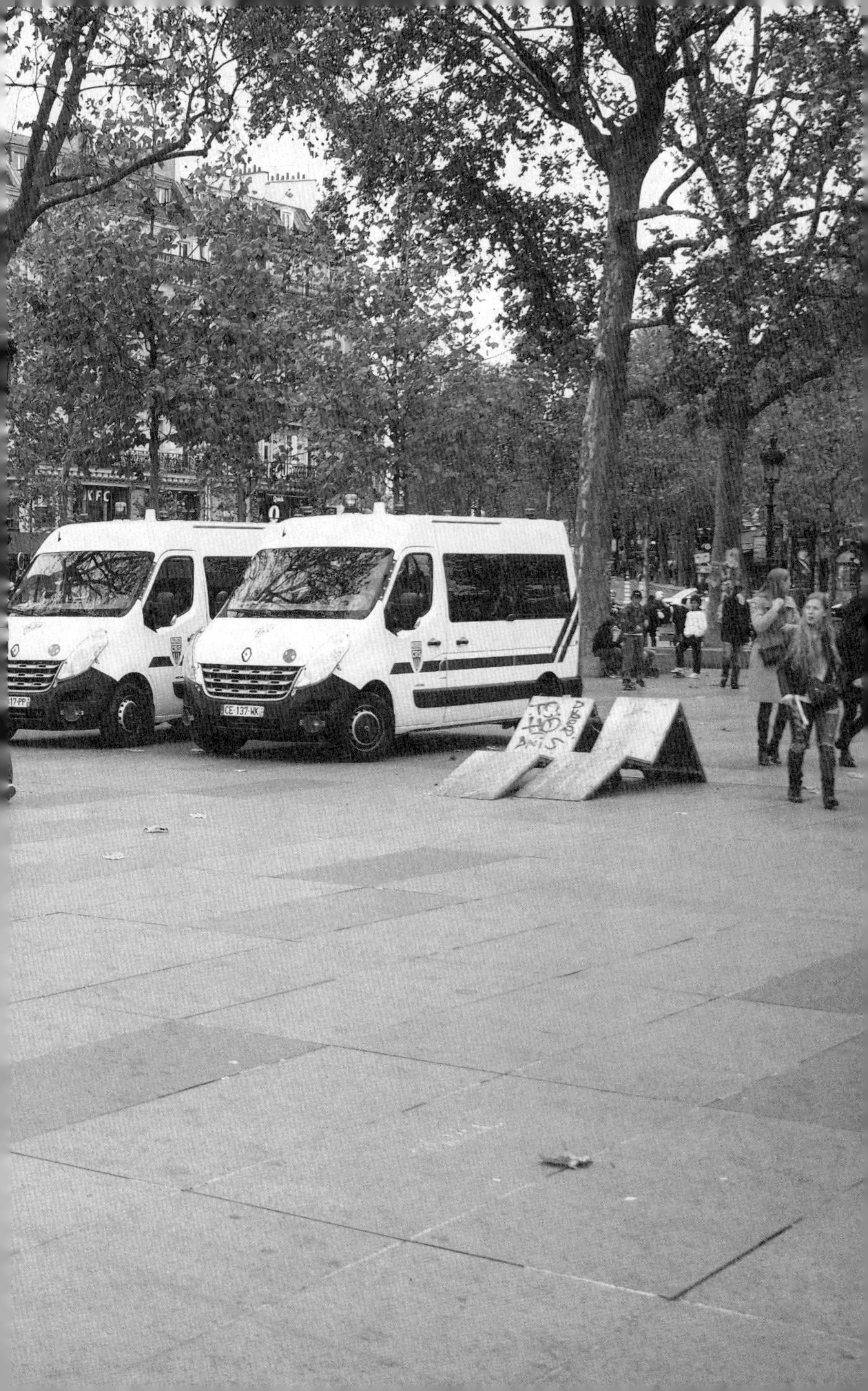

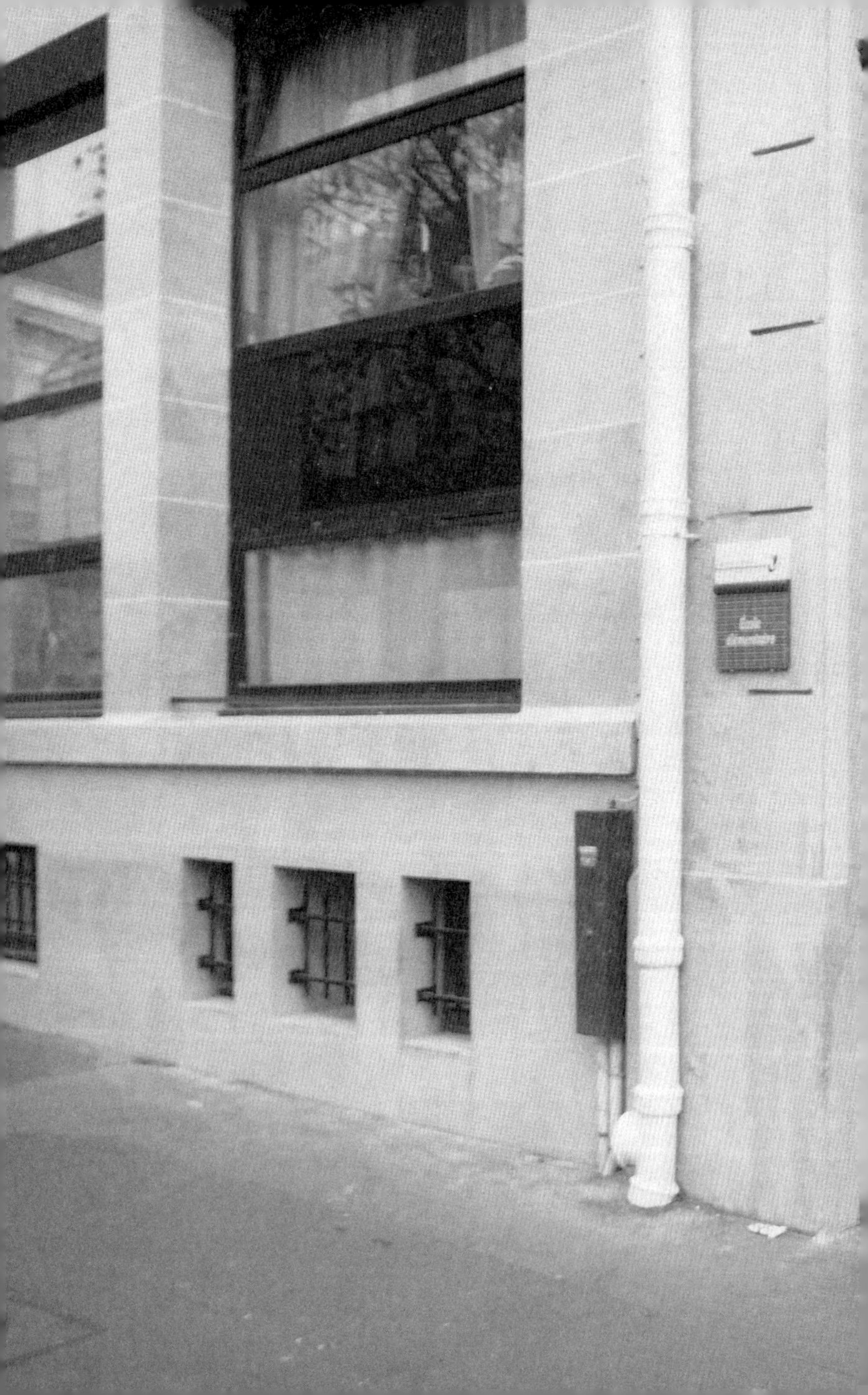

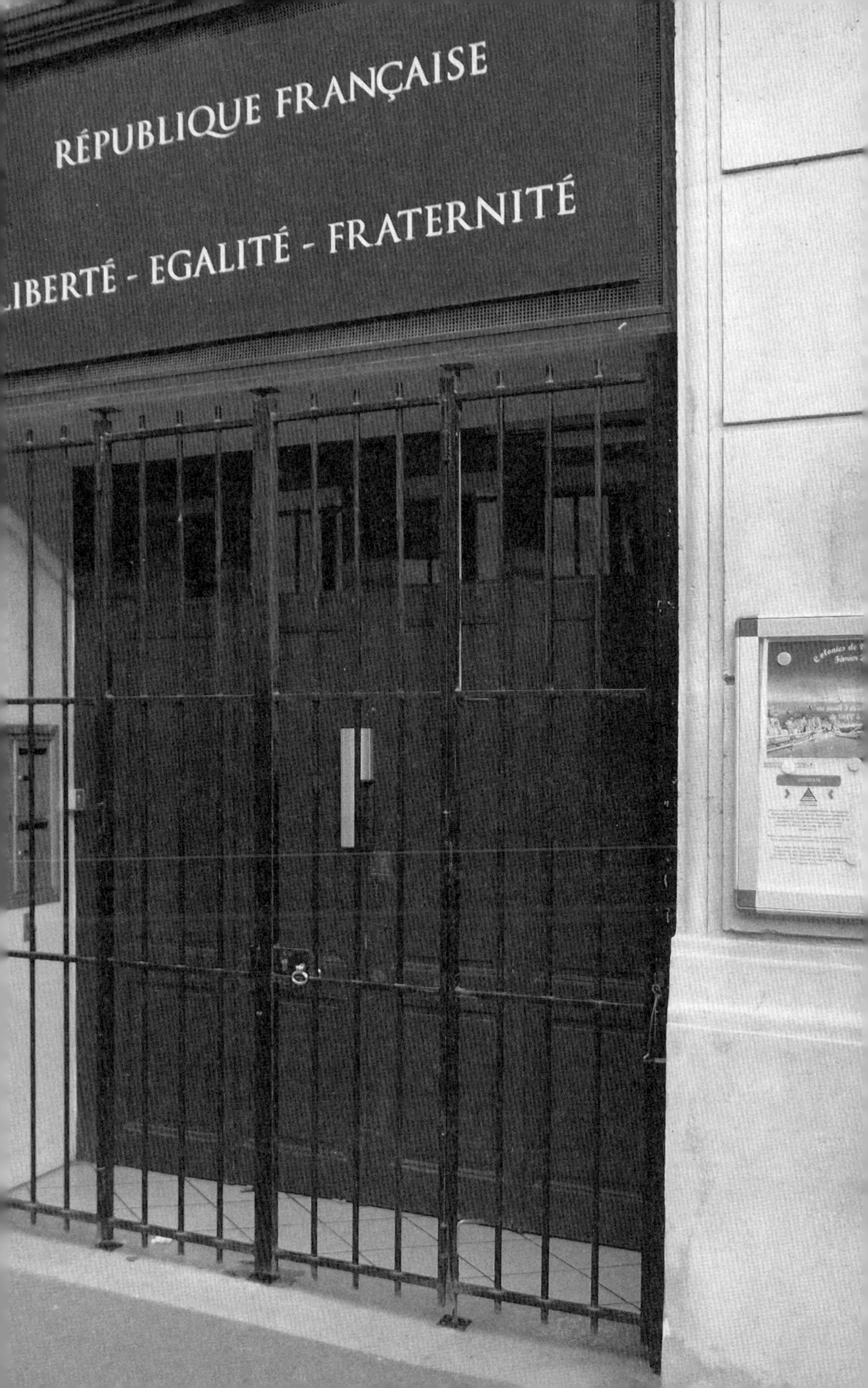

RÉPUBLIQUE FRANÇAISE
LIBERTÉ - EGALITÉ - FRATERNITÉ

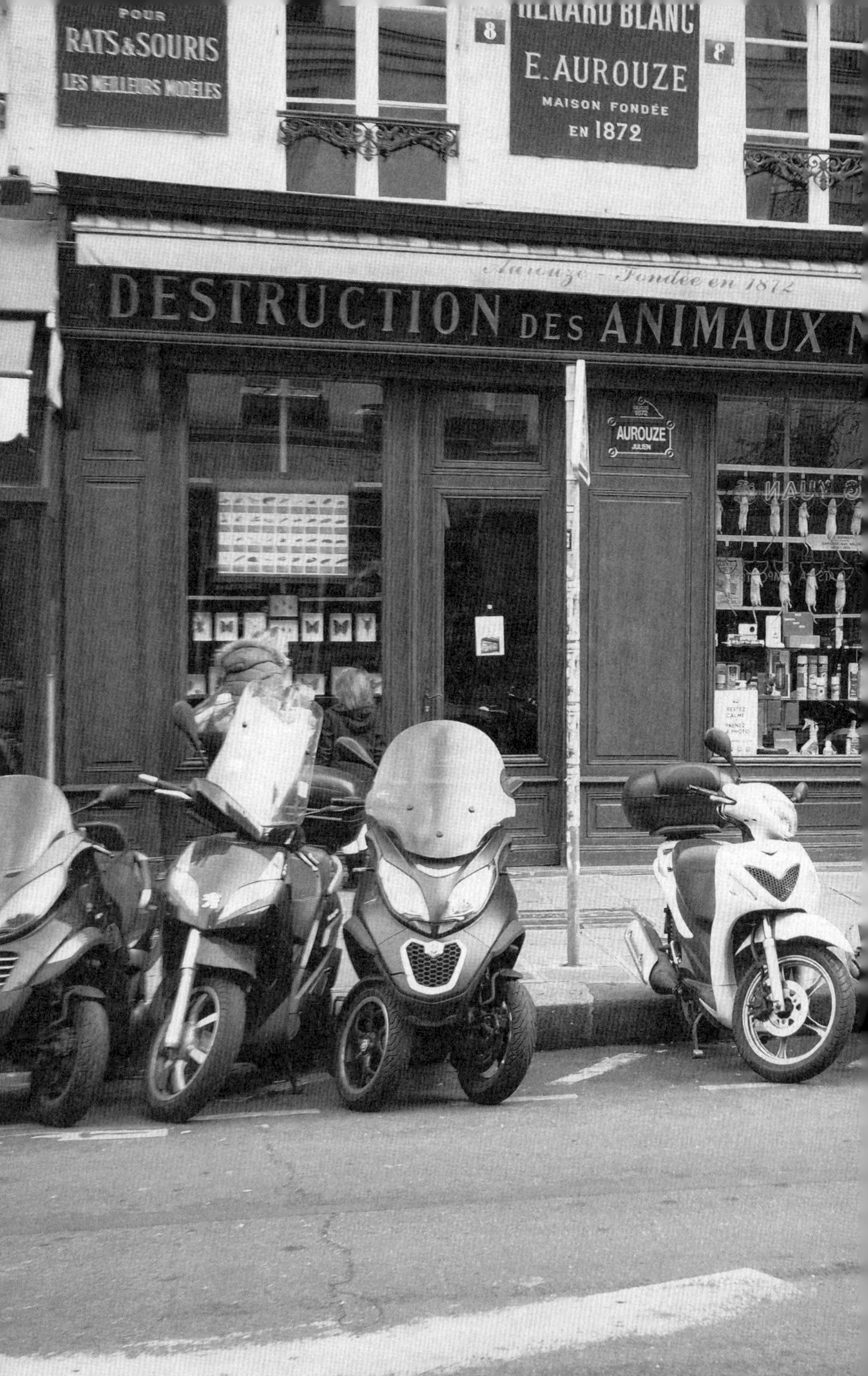

POUR
RATS & SOURIS
LES MEILLEURS MODÈLES
RENARD BLANC
E. AUROUZE
MAISON FONDÉE
EN 1872
8
Aurouze - Fondée en 1872
DESTRUCTION DES ANIMAUX N
AUROUZE
JULIEN
RESTEZ CALME
PRENEZ PHOTO

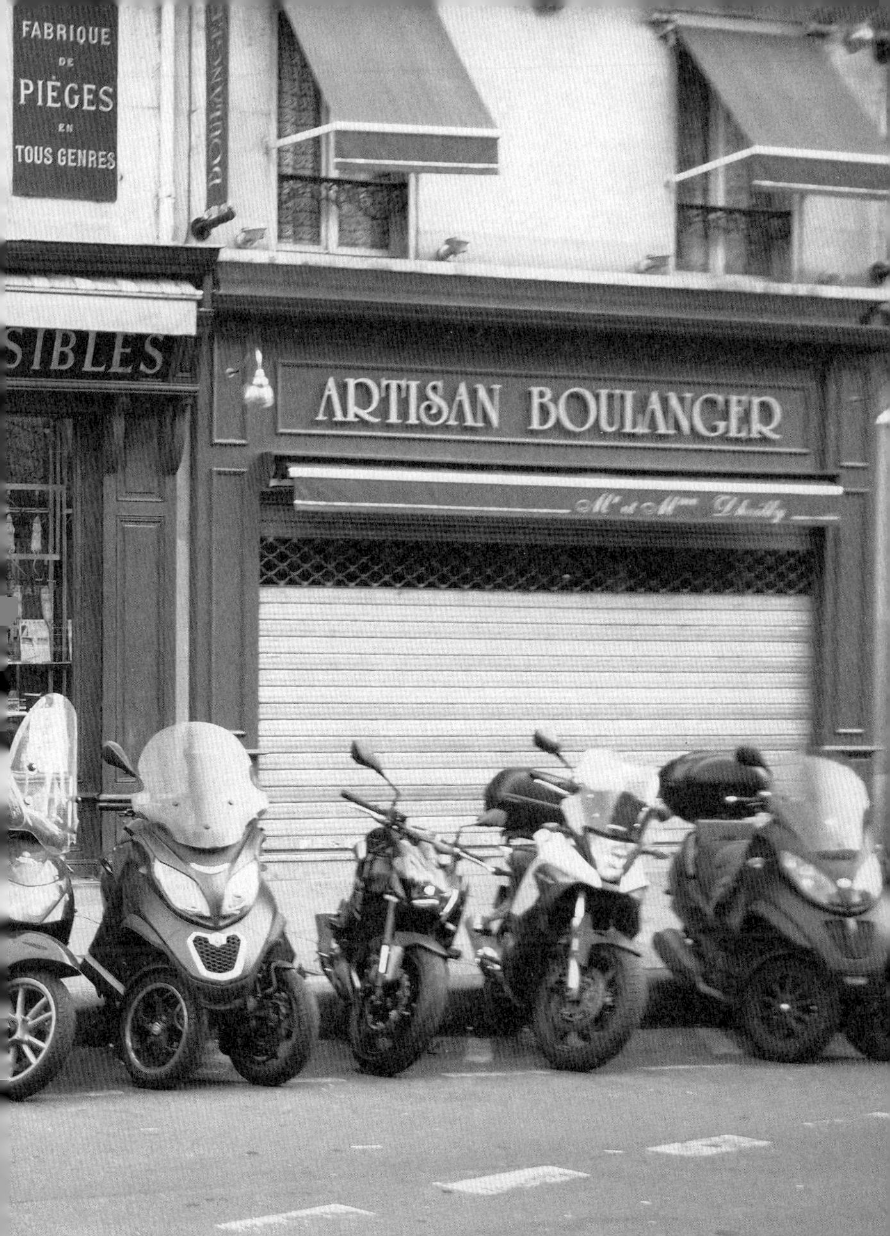

FABRIQUE
DE
PIÈGES
EN
TOUS GENRES
SIBLES
ARTISAN BOULANGER

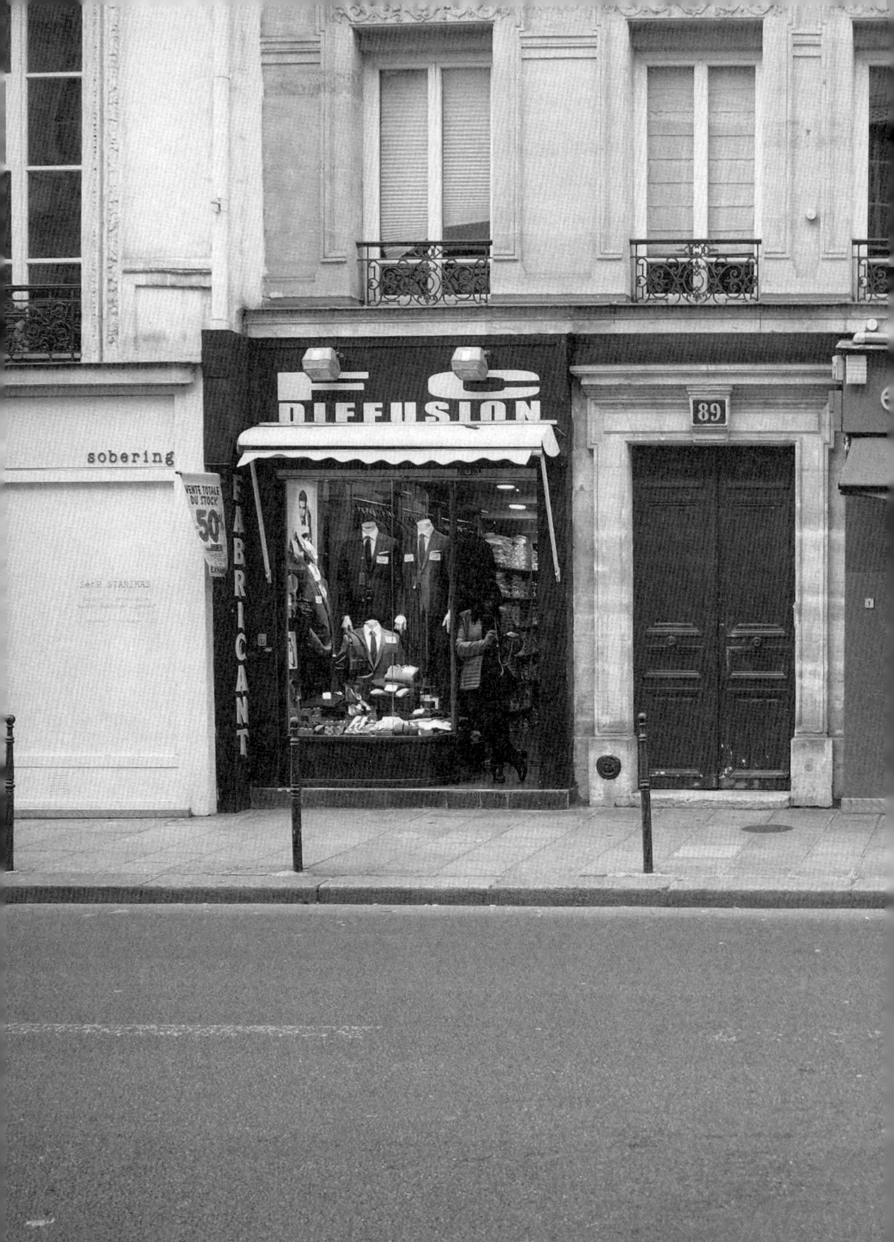
sobering
FC
DIFFUSION
89
FABRICANT
VENTE TOTALE
DU STOCK
-50%
SerP STANIKAS

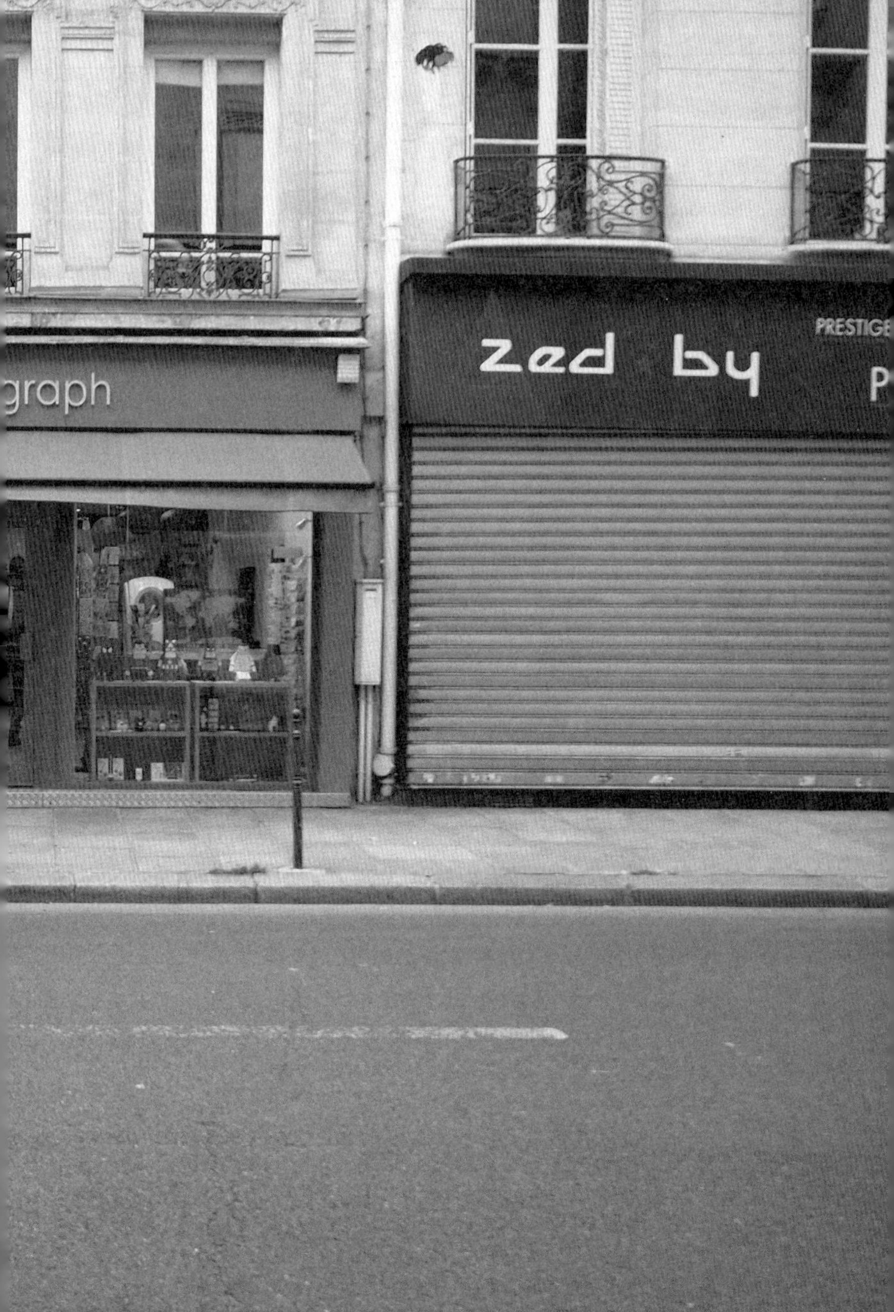
graph
zed by
PRESTIGE
P

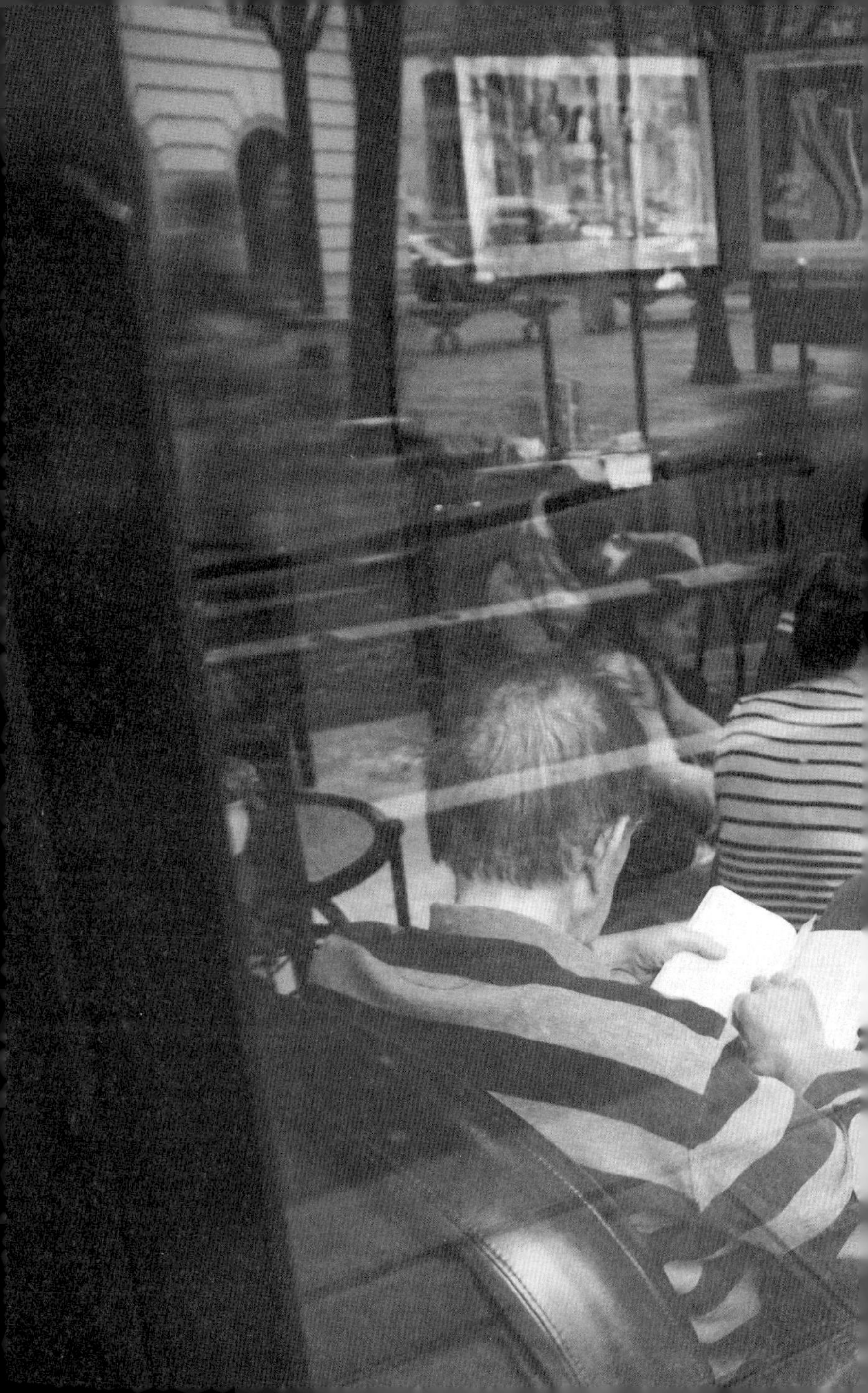

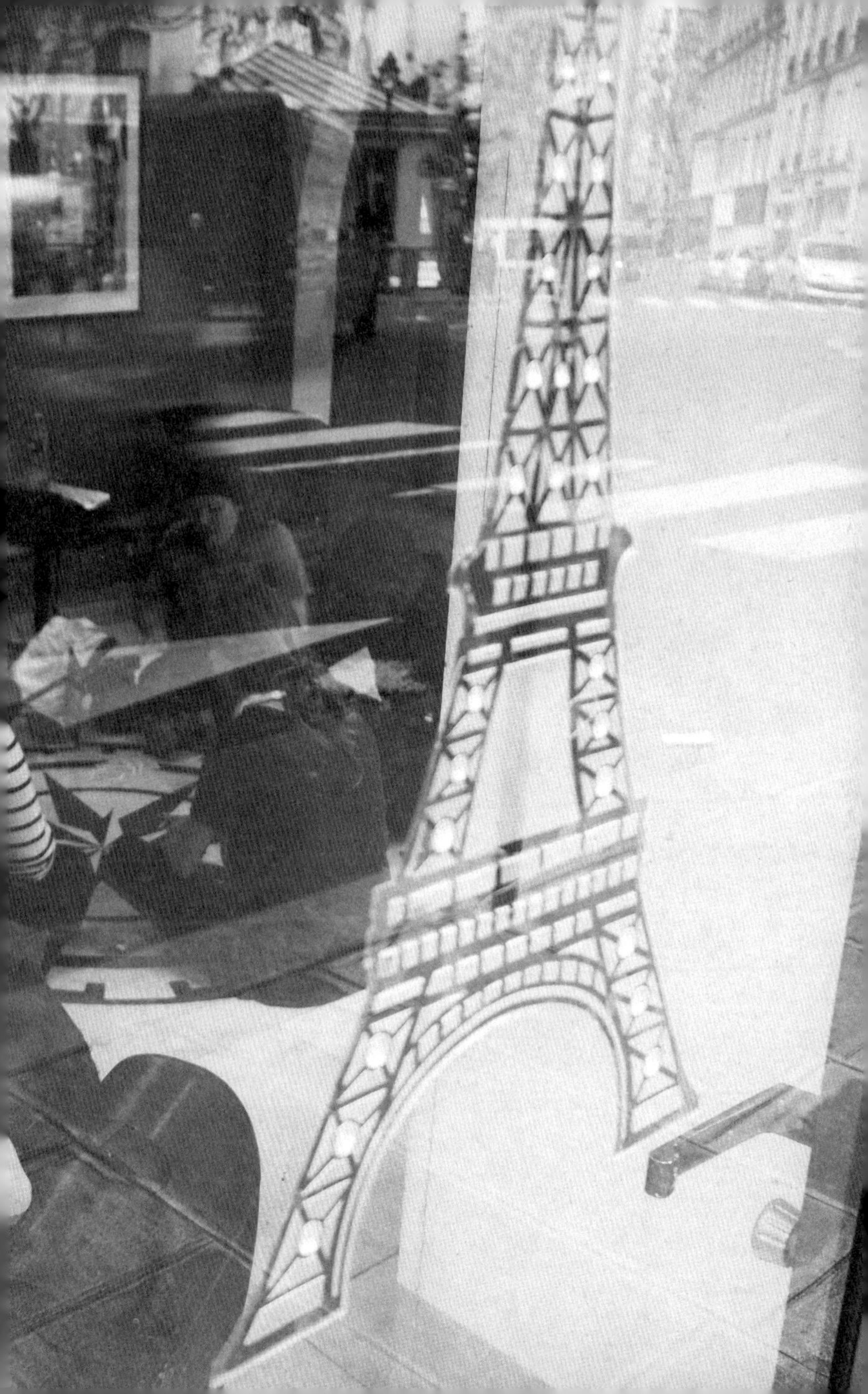

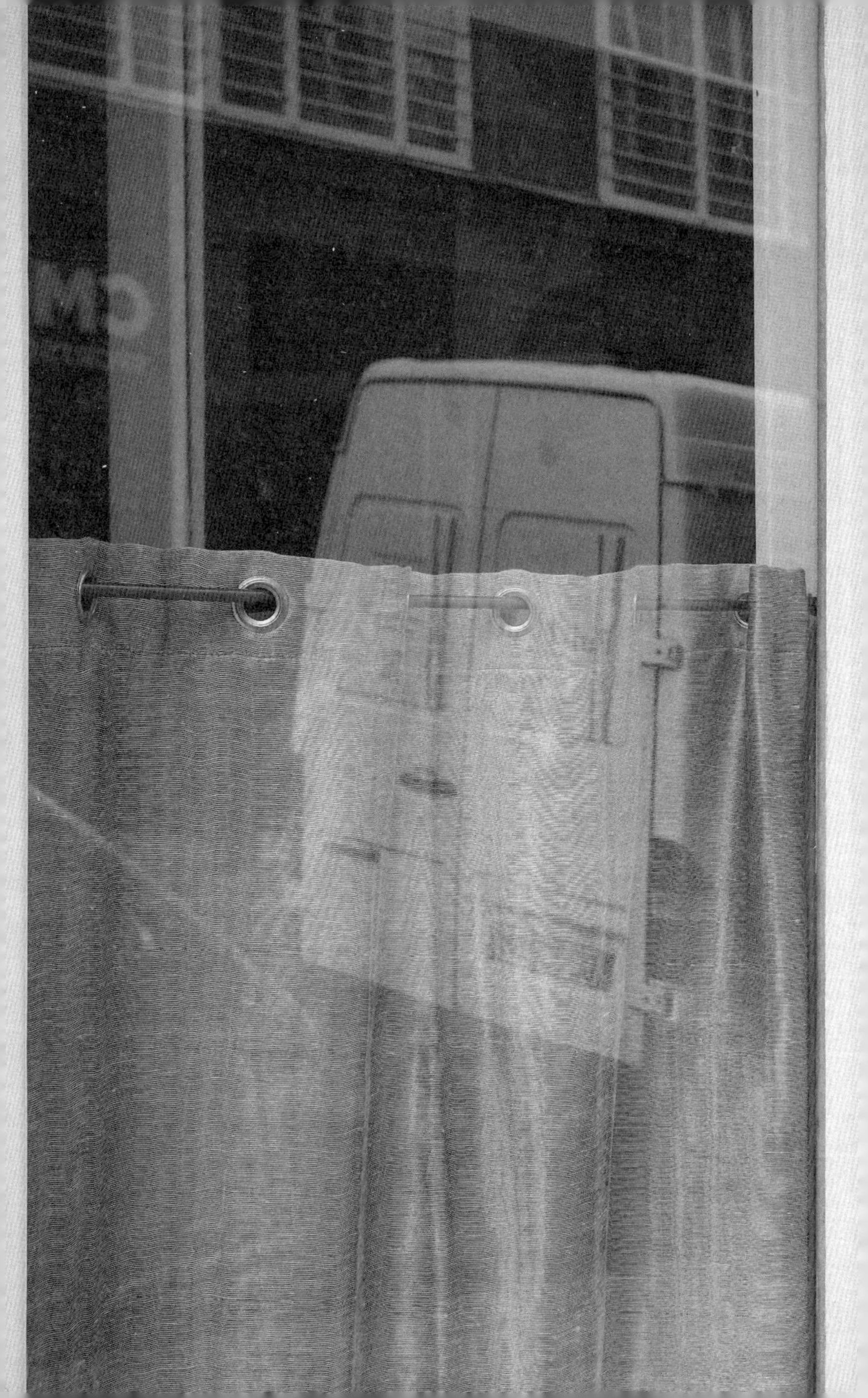

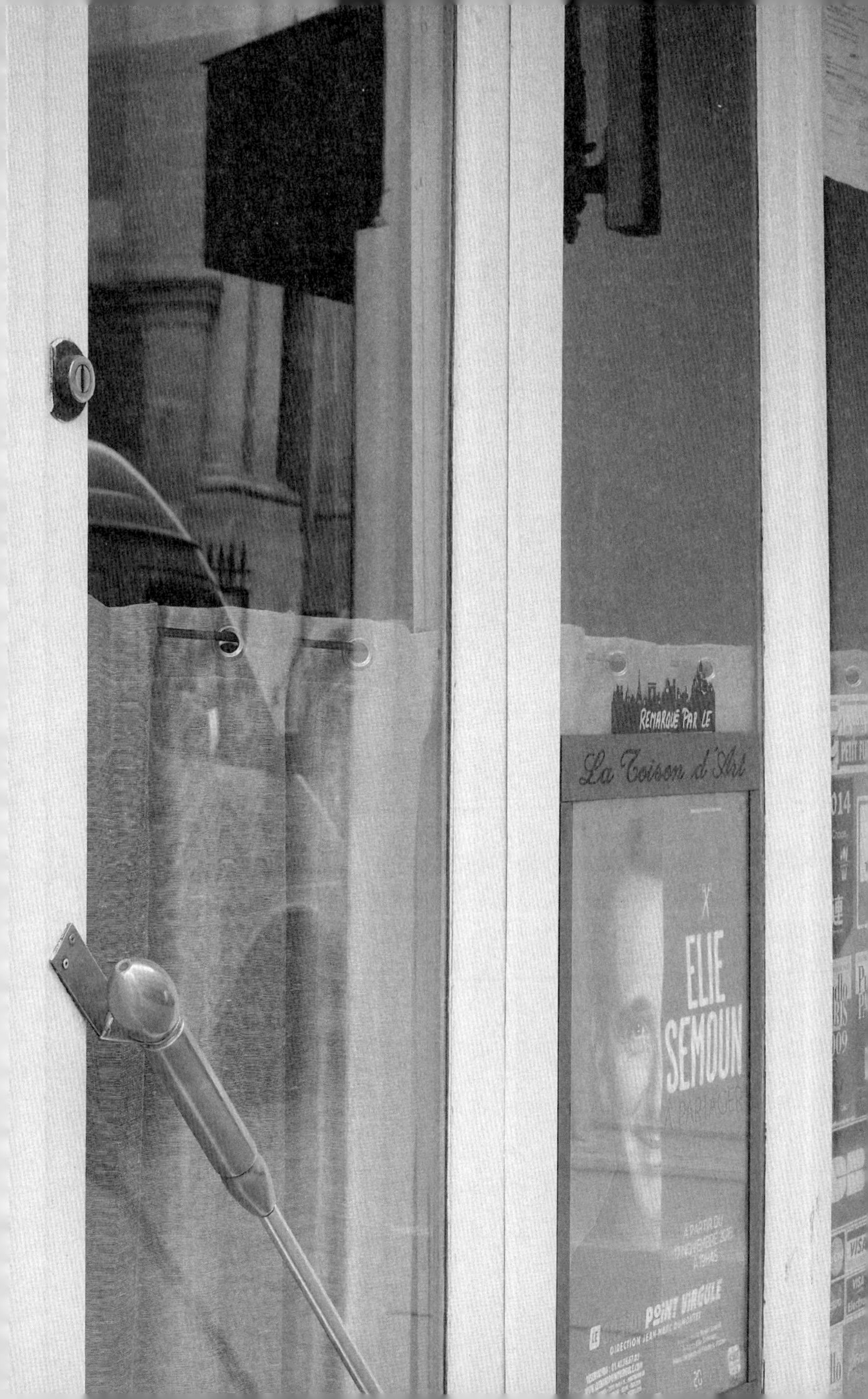
Remarqué Par Le
La Toison d'Art
ELIE SEMOUN
POINT VIRGULE
DIRECTION JEAN-MARC DUMONTET

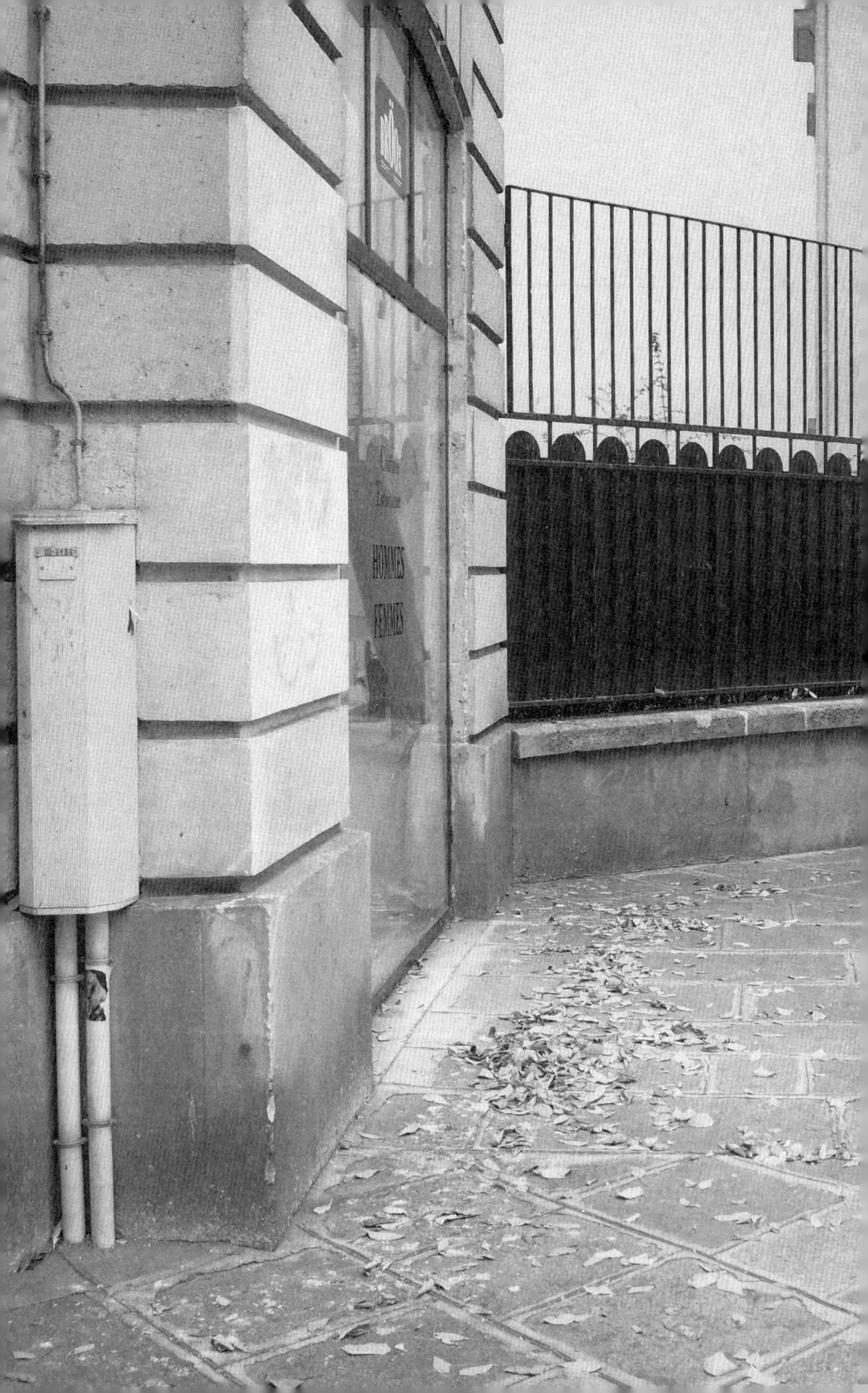
HOMMES
FEMMES

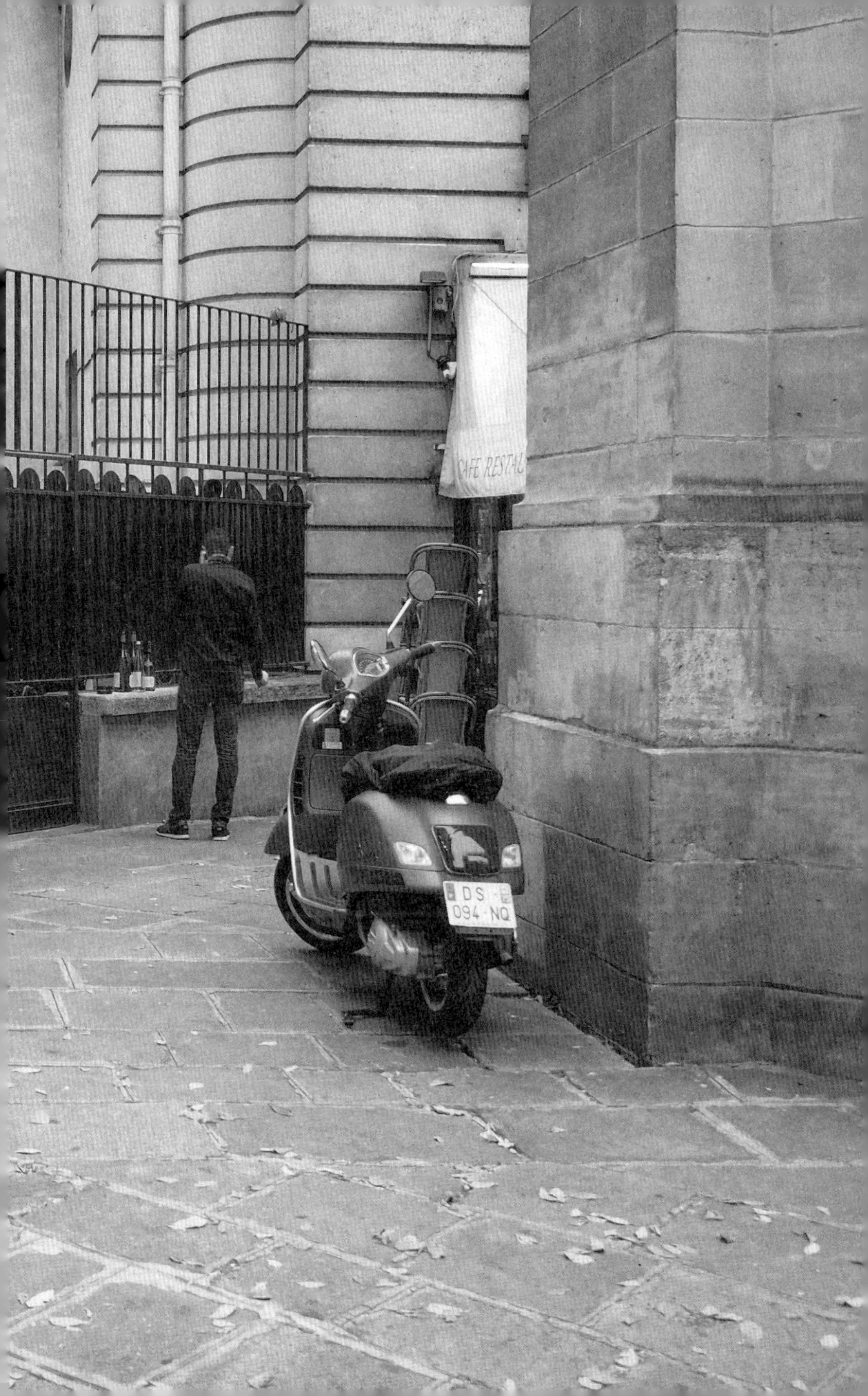
CAFÉ RESTAU
DS
094 NQ

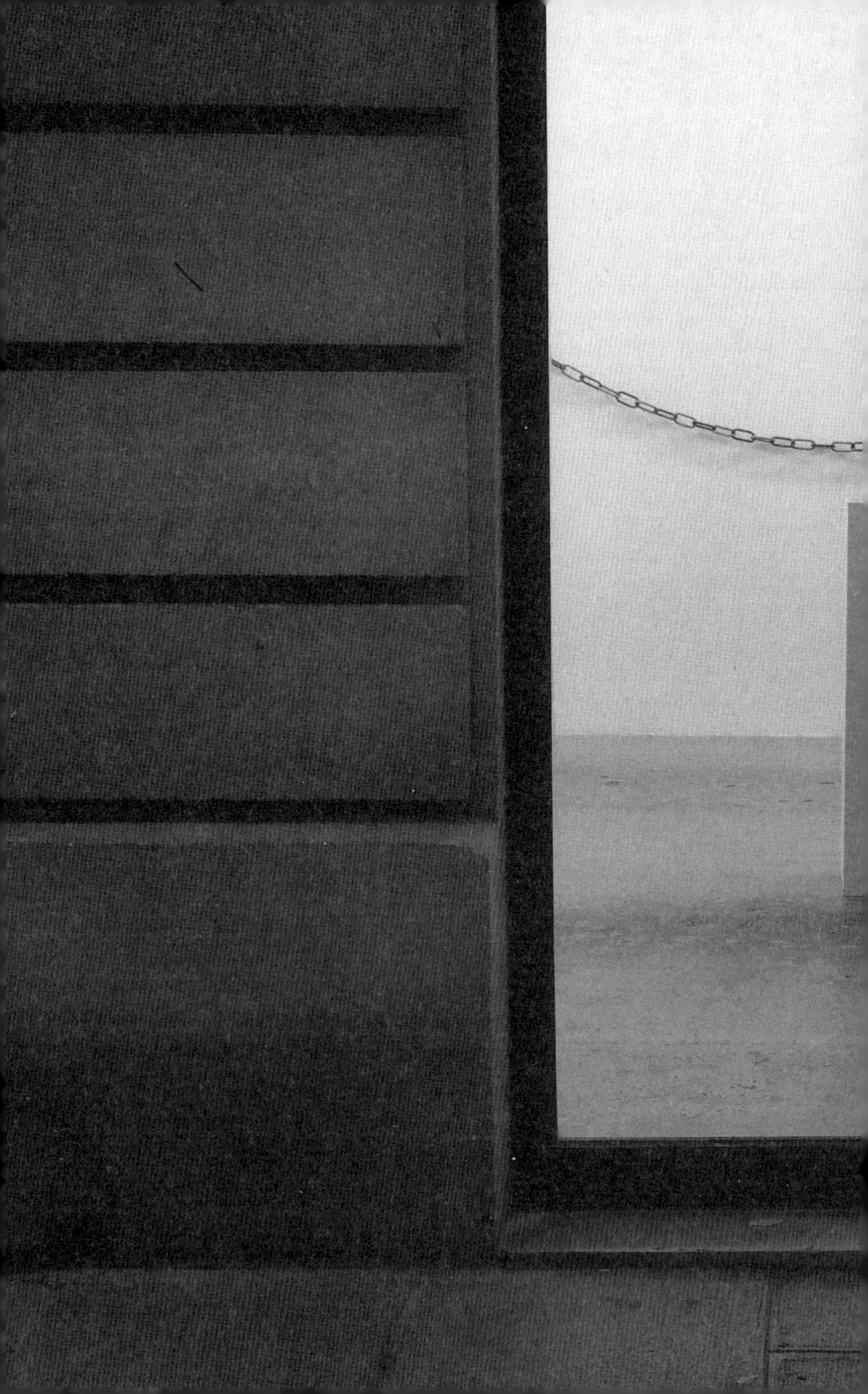

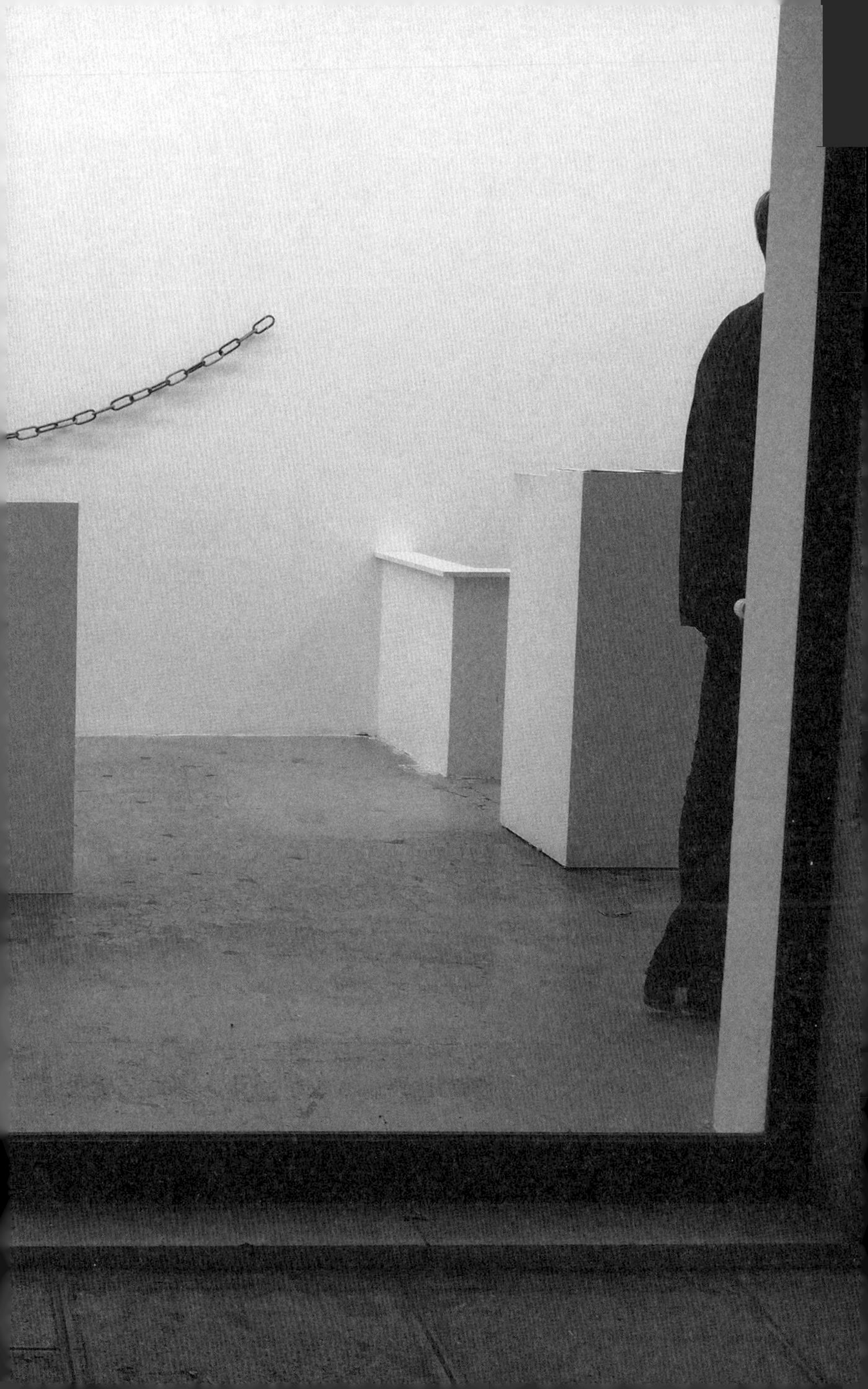

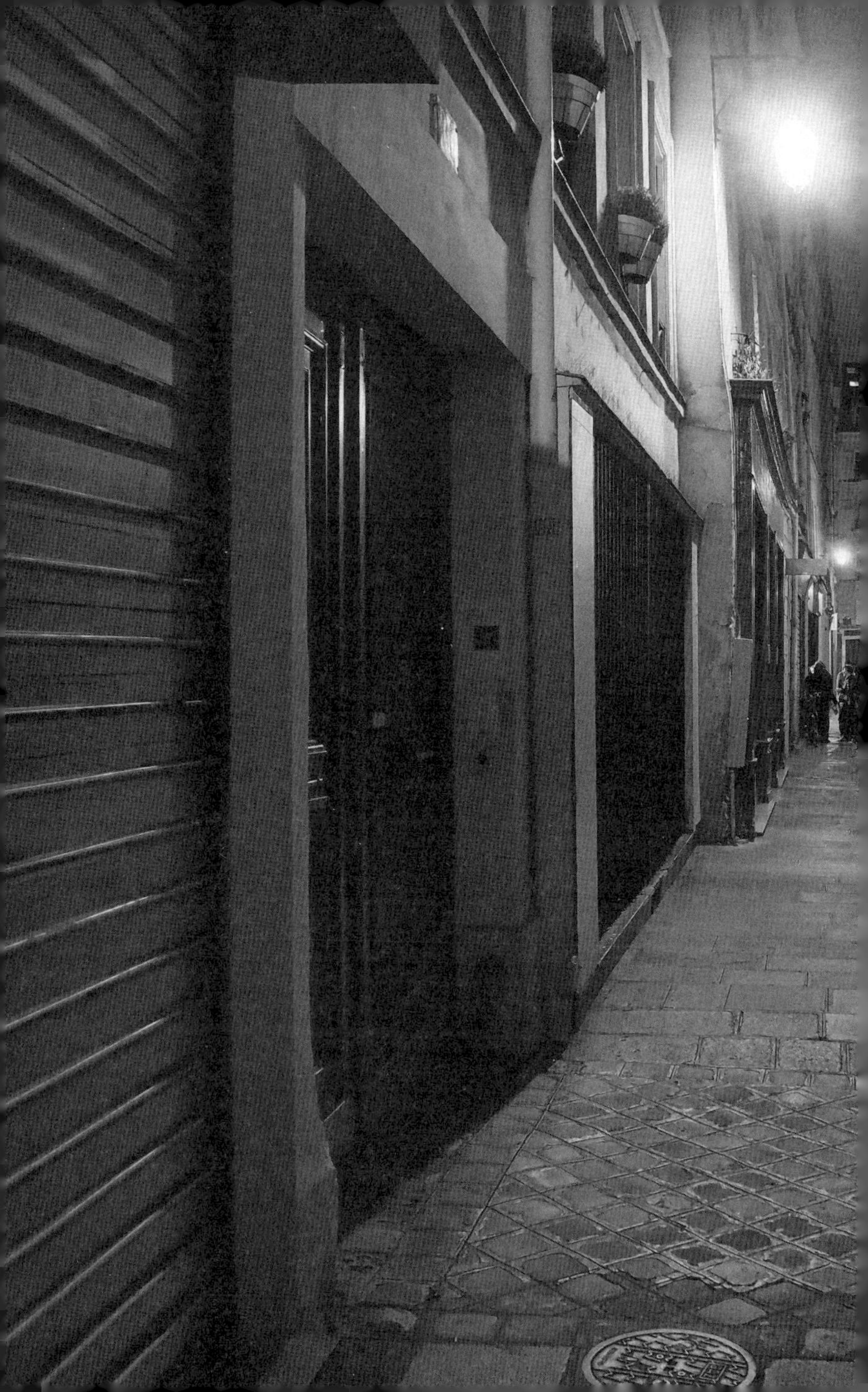

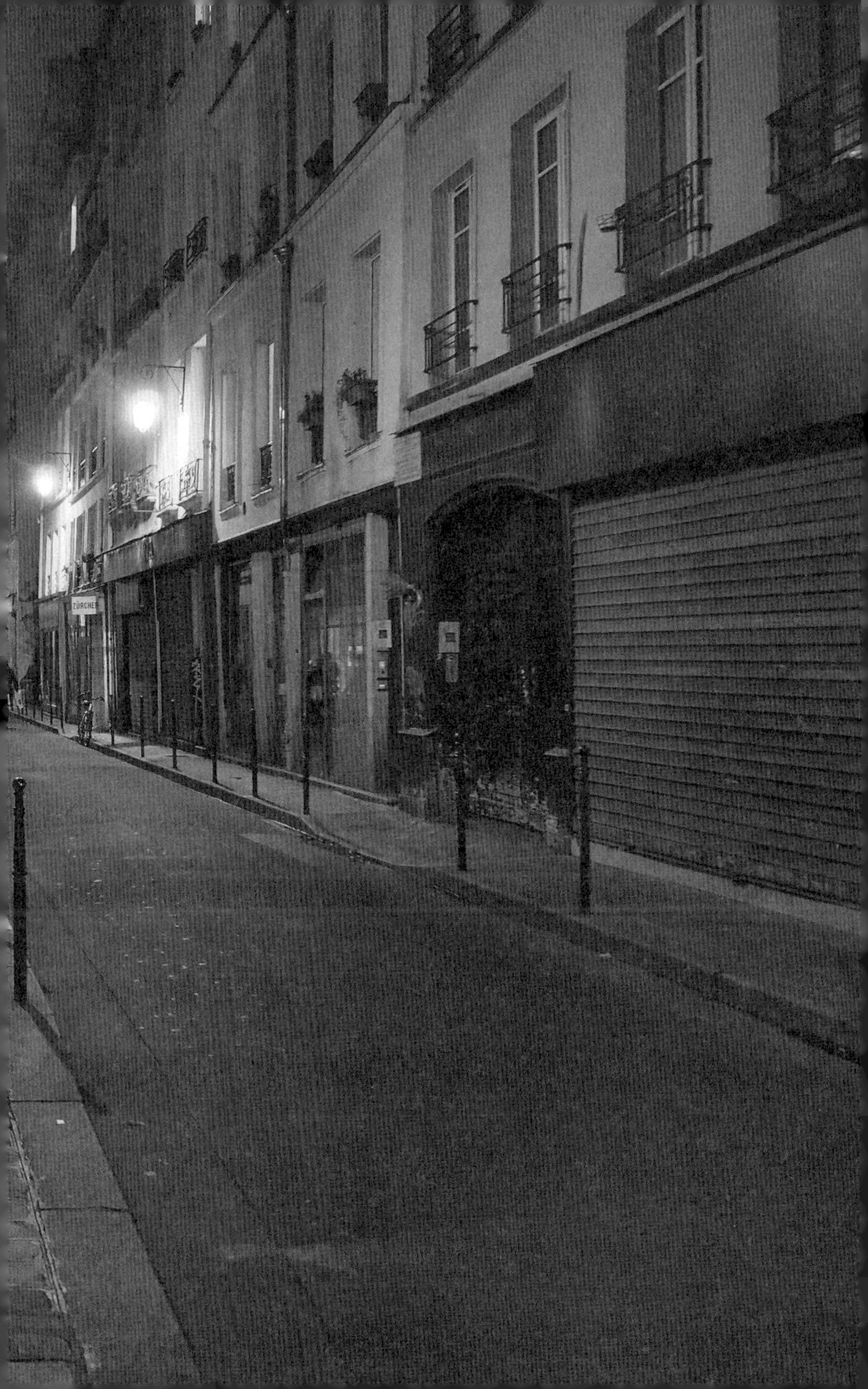

ZÜRCHER

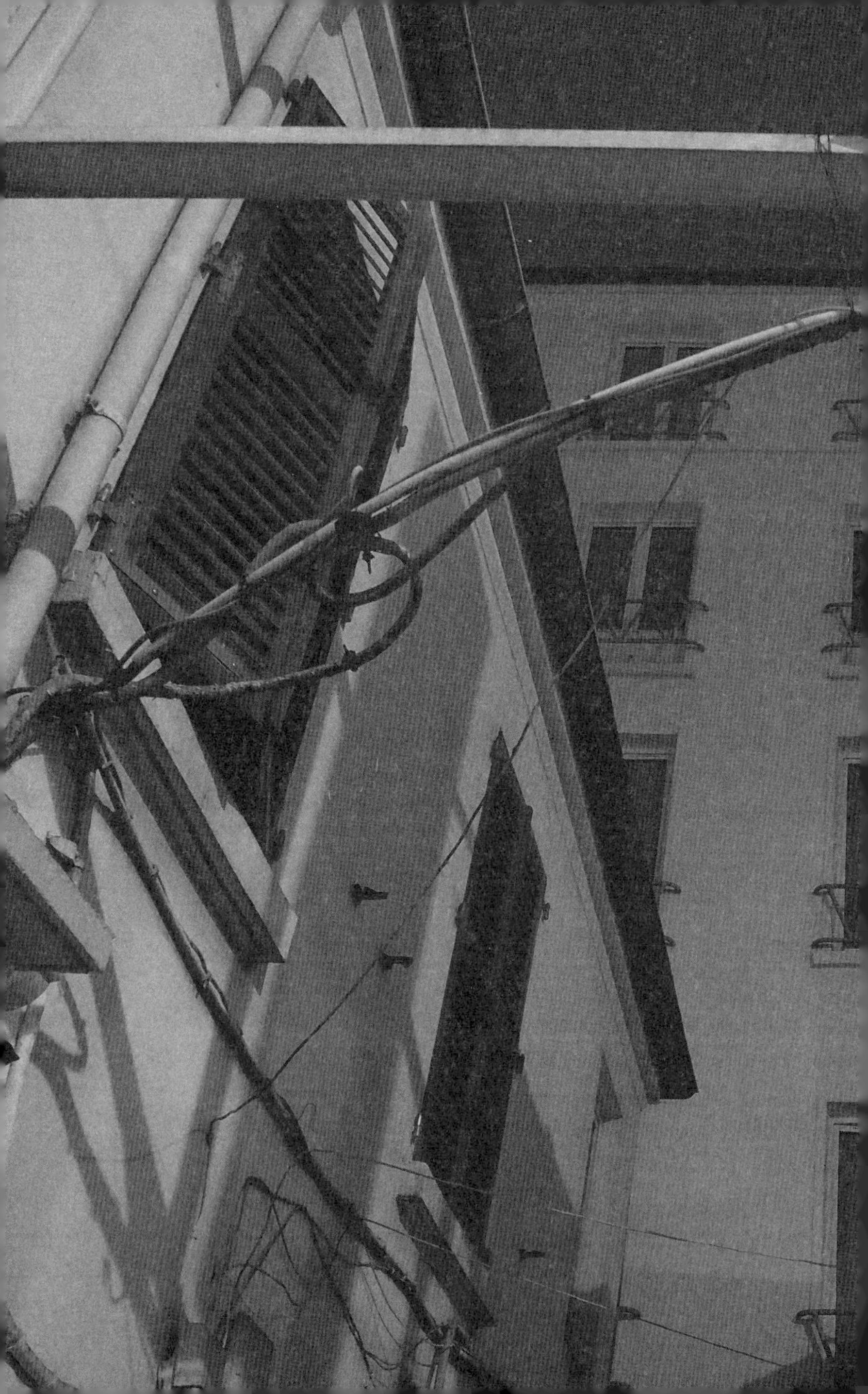

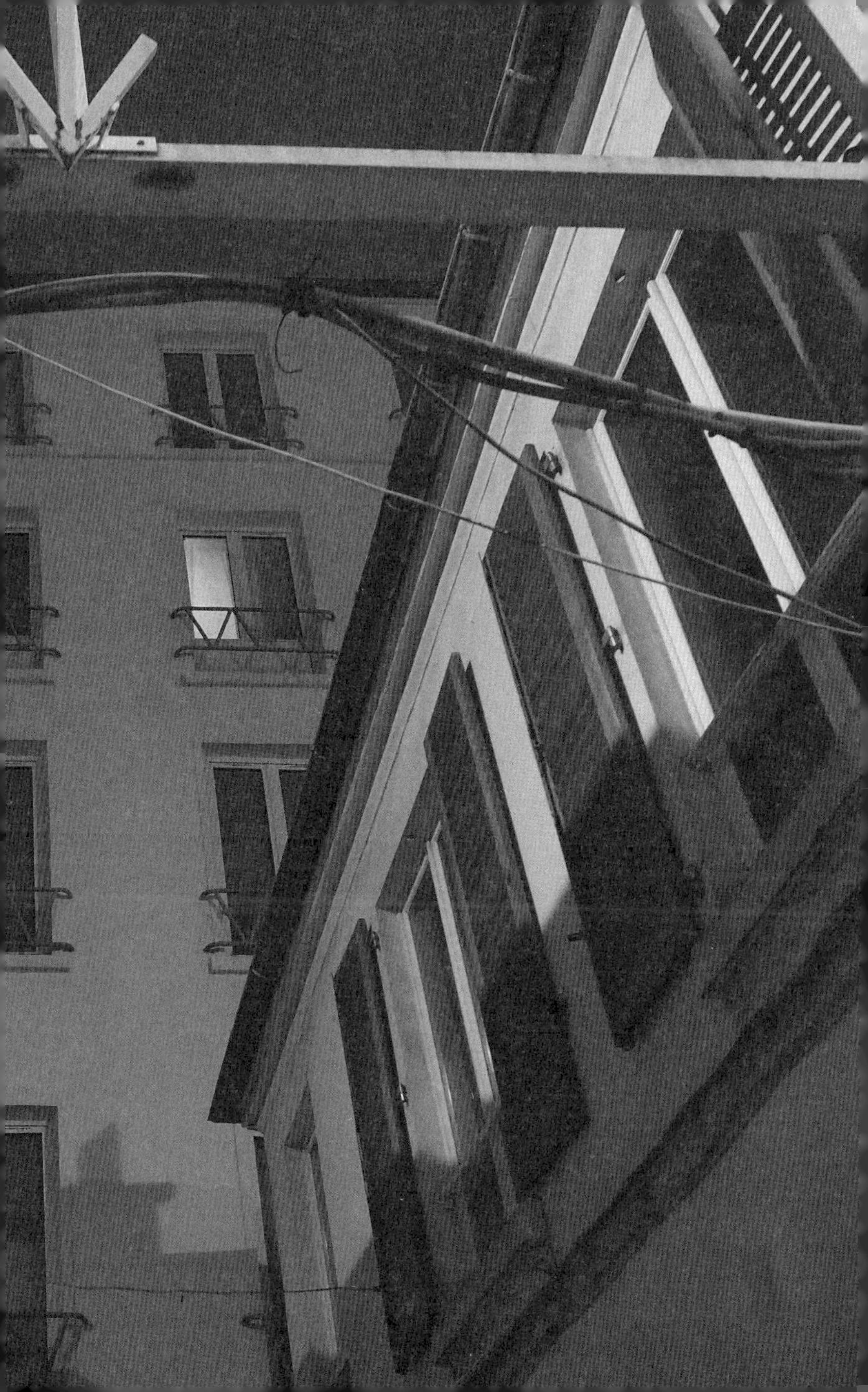

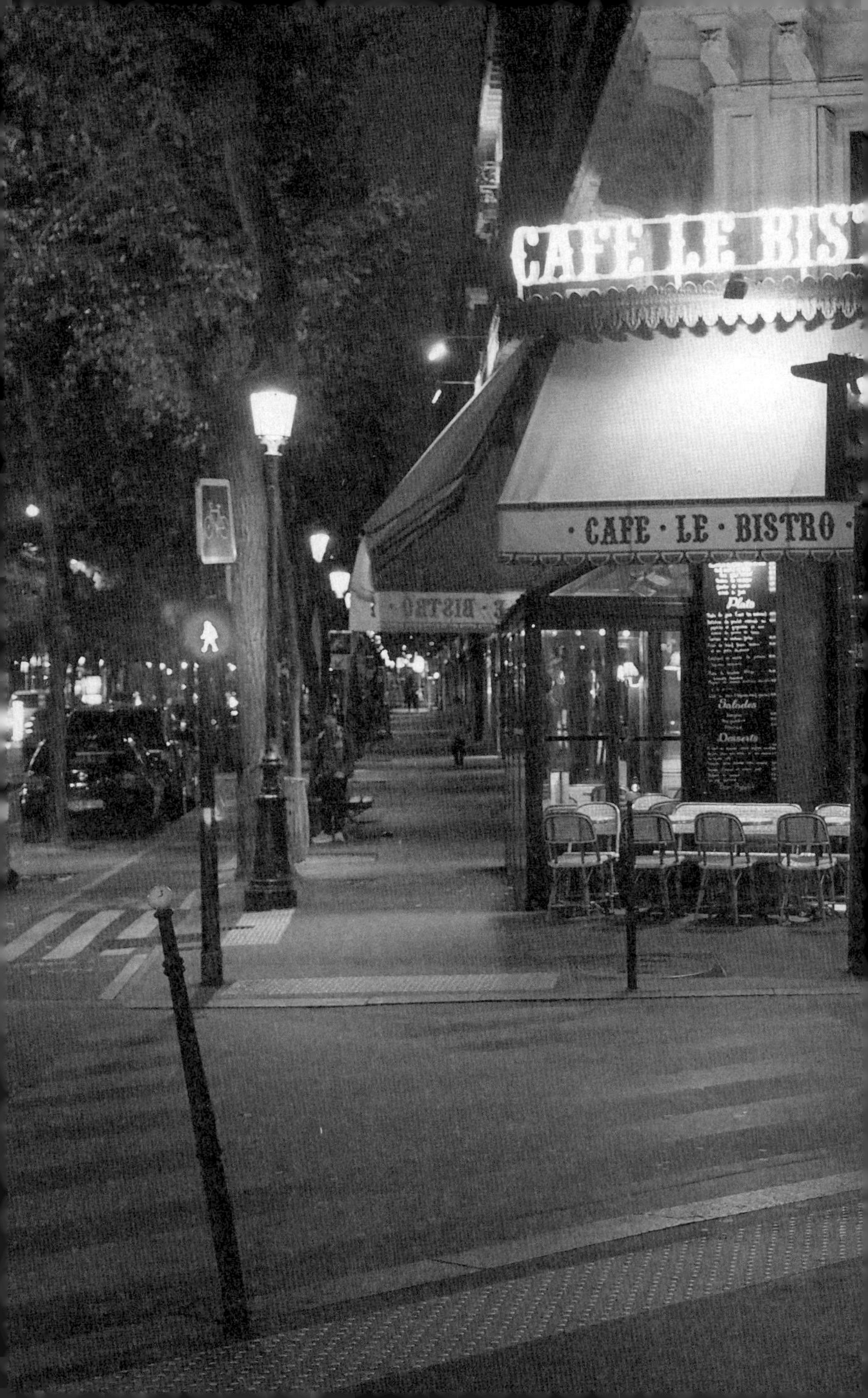

CAFE LE BIS
CAFE · LE · BISTRO ·

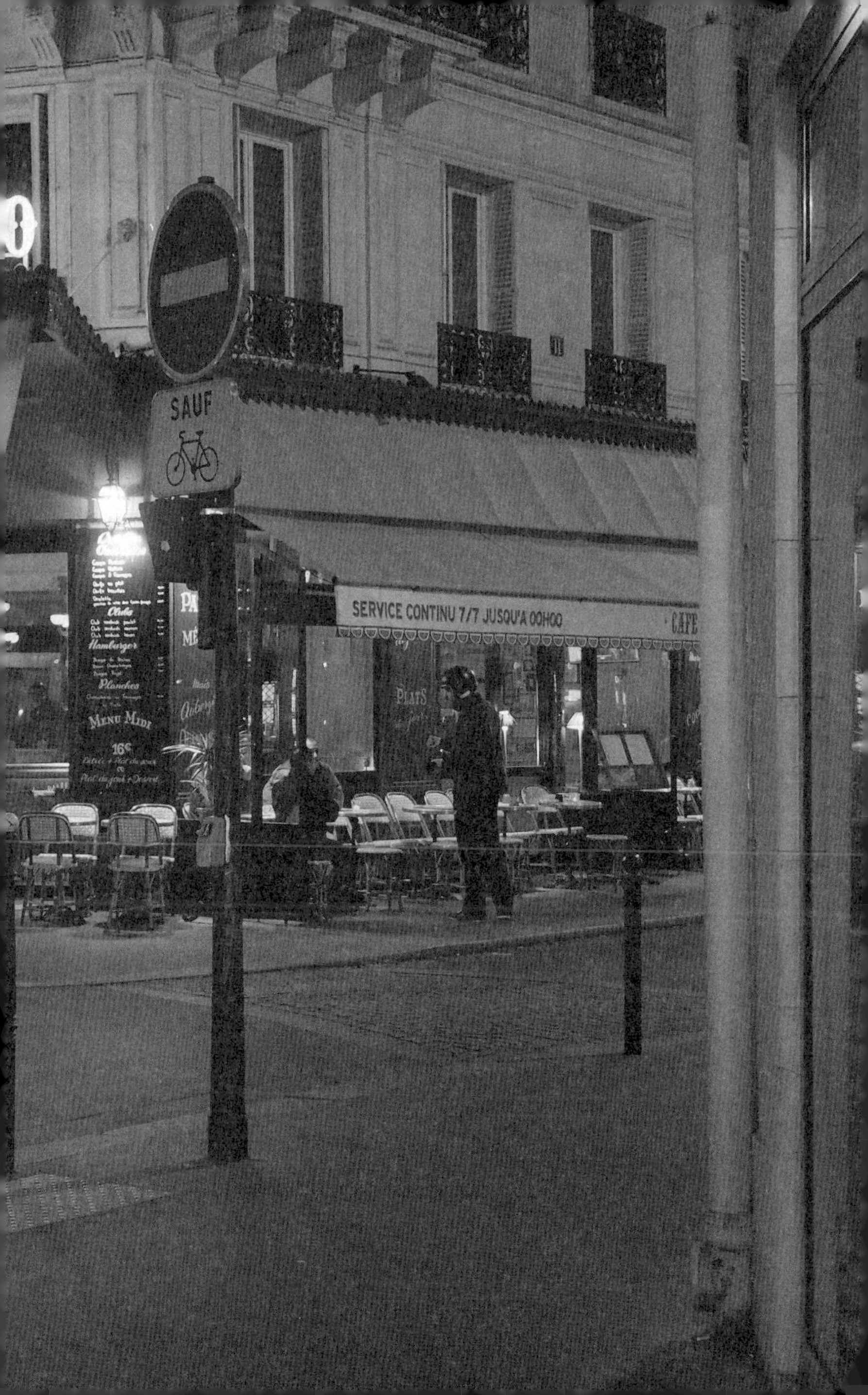

SAUF
SERVICE CONTINU 7/7 JUSQU'A 00H00
CAFE
Menu Midi
16€
Hamburger
Planches
PLATS

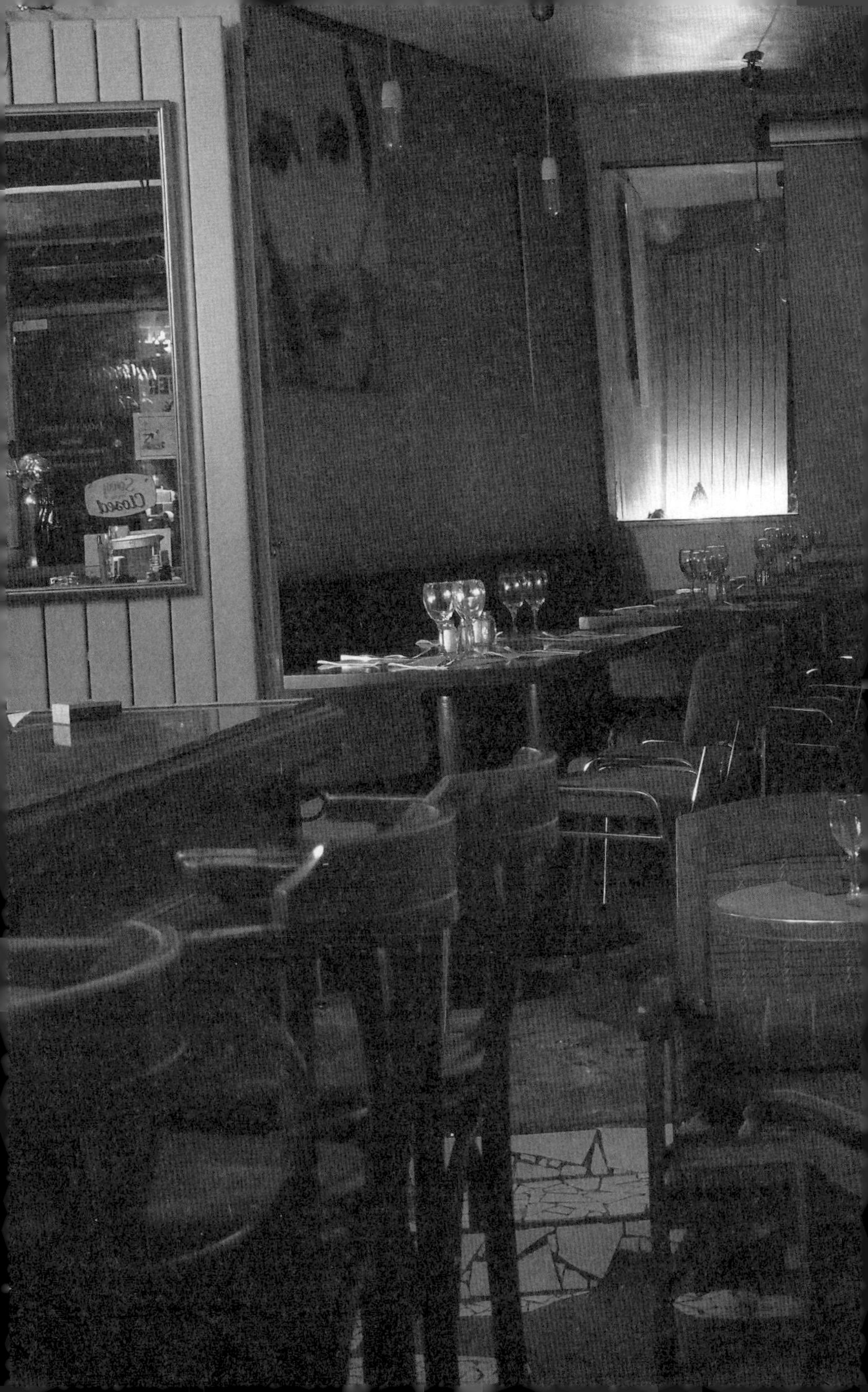

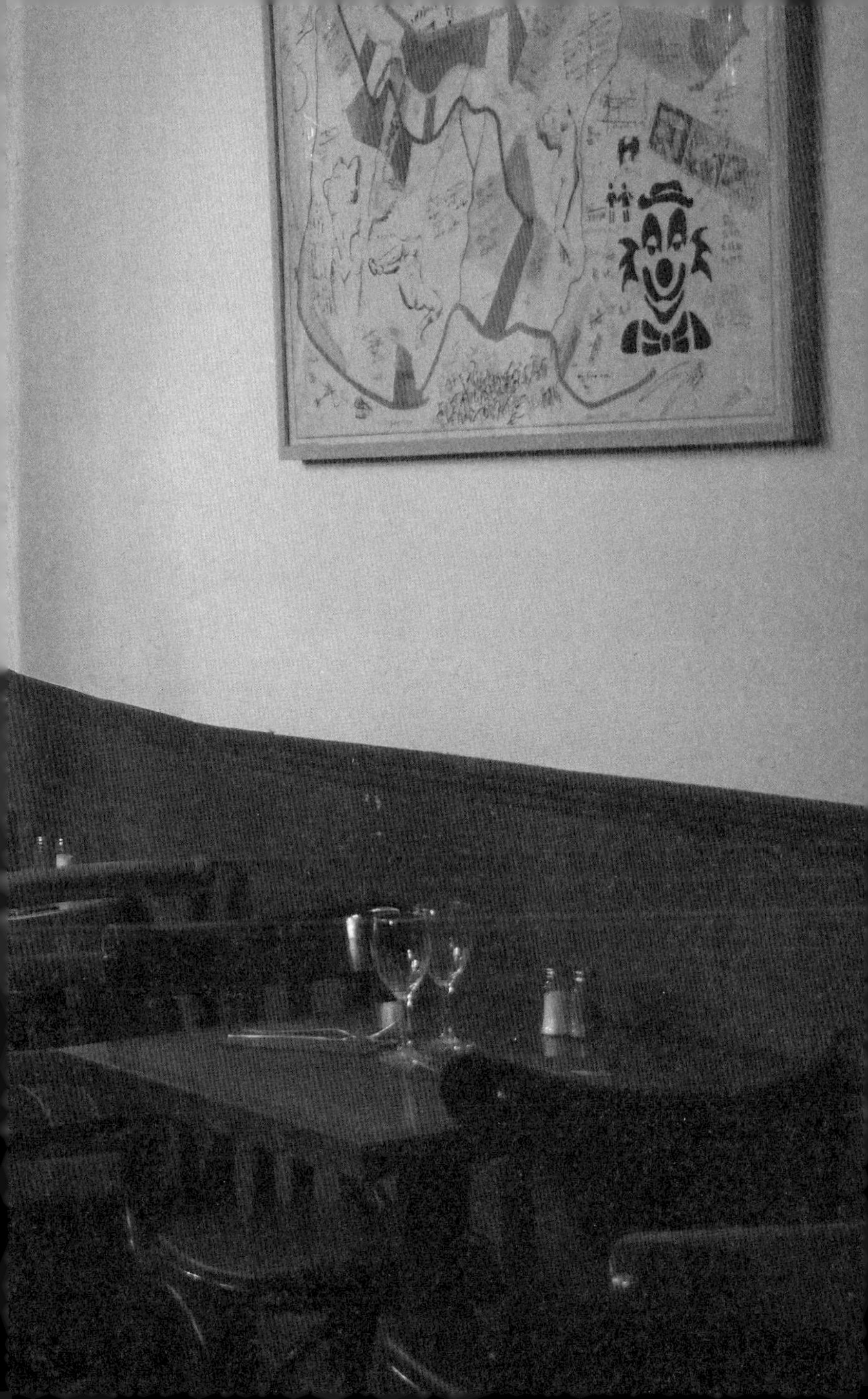

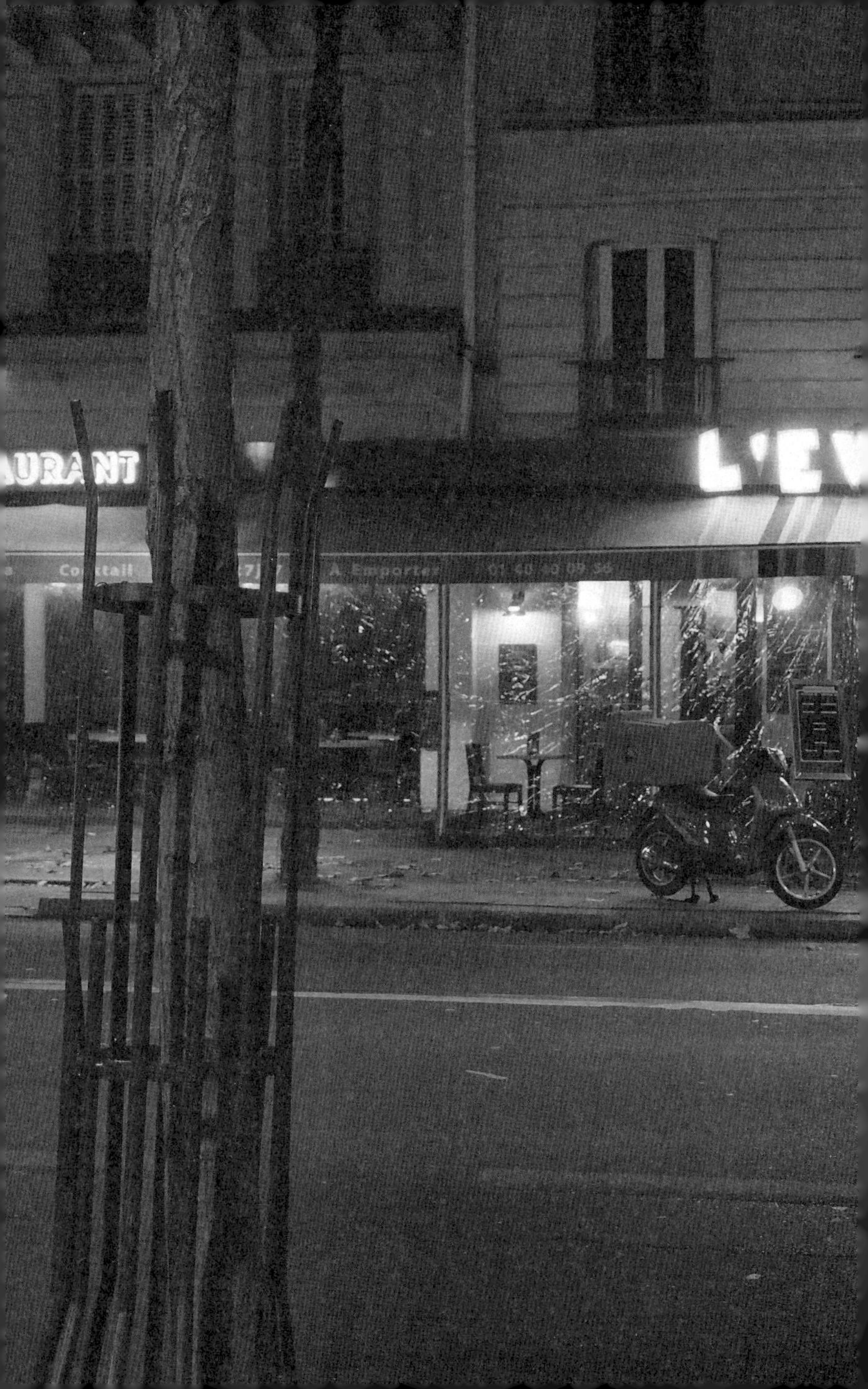
AURANT
L'EV
Cocktail
A Emporter
01 40 30 09 56

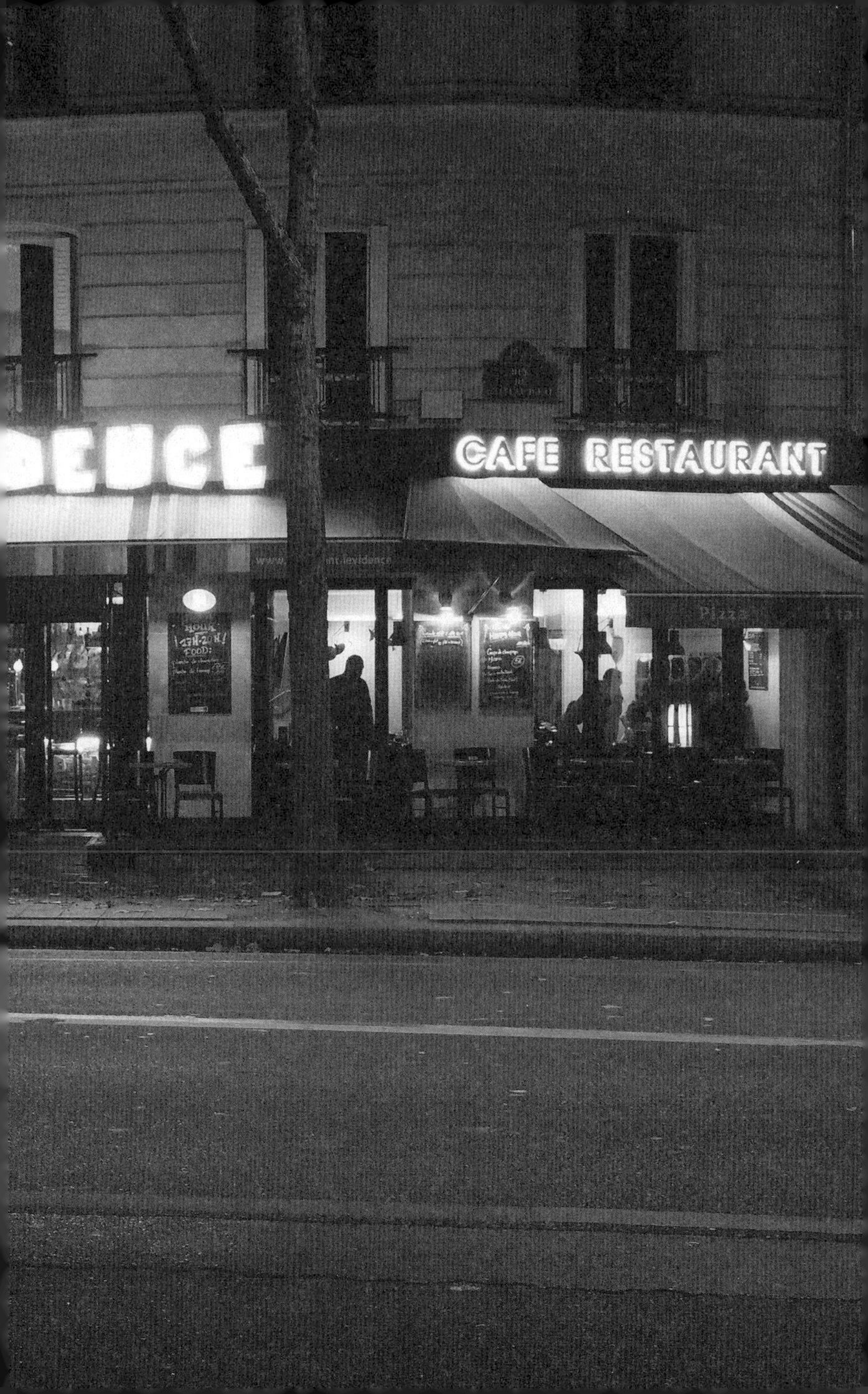

DENCE
CAFE RESTAURANT

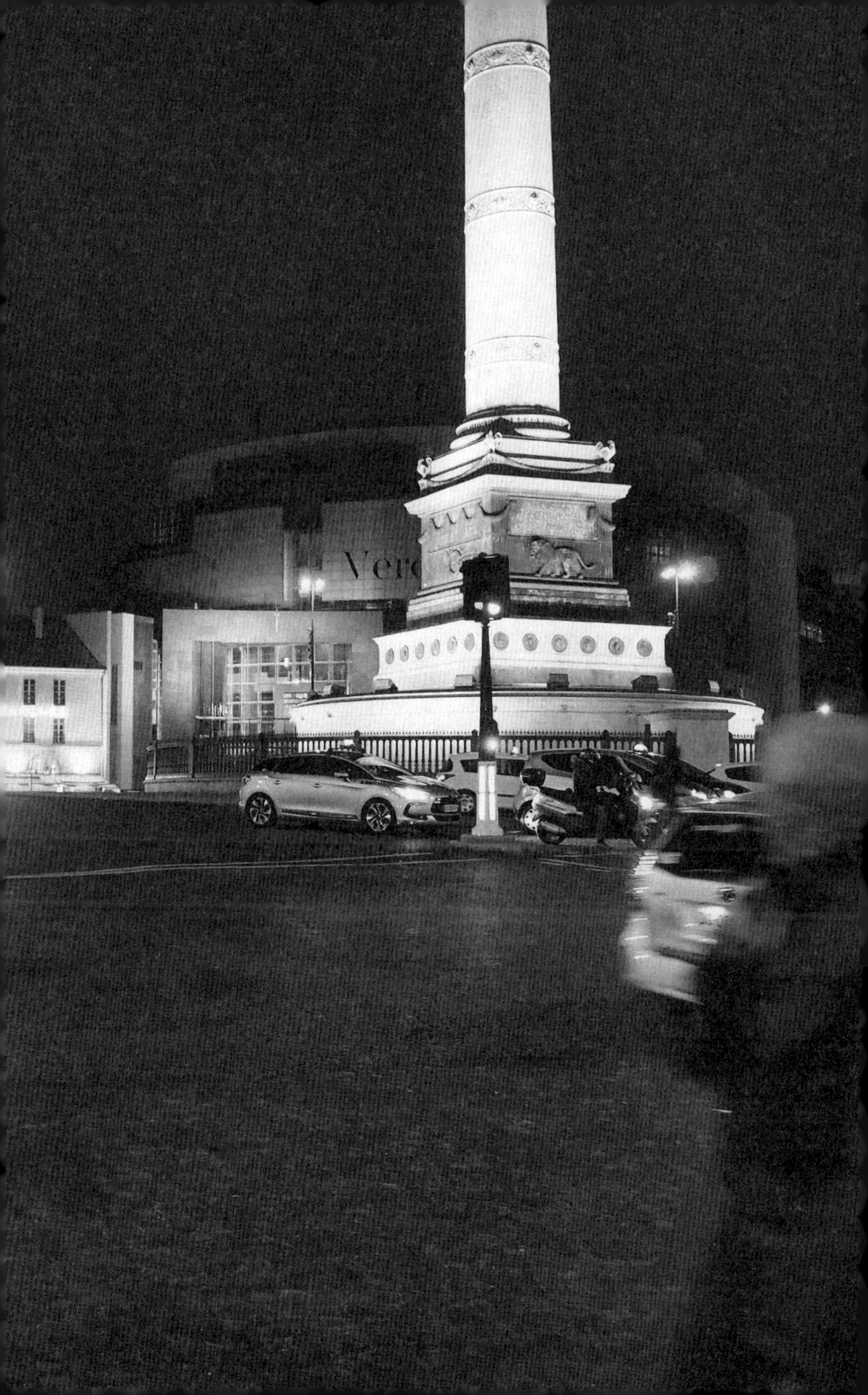

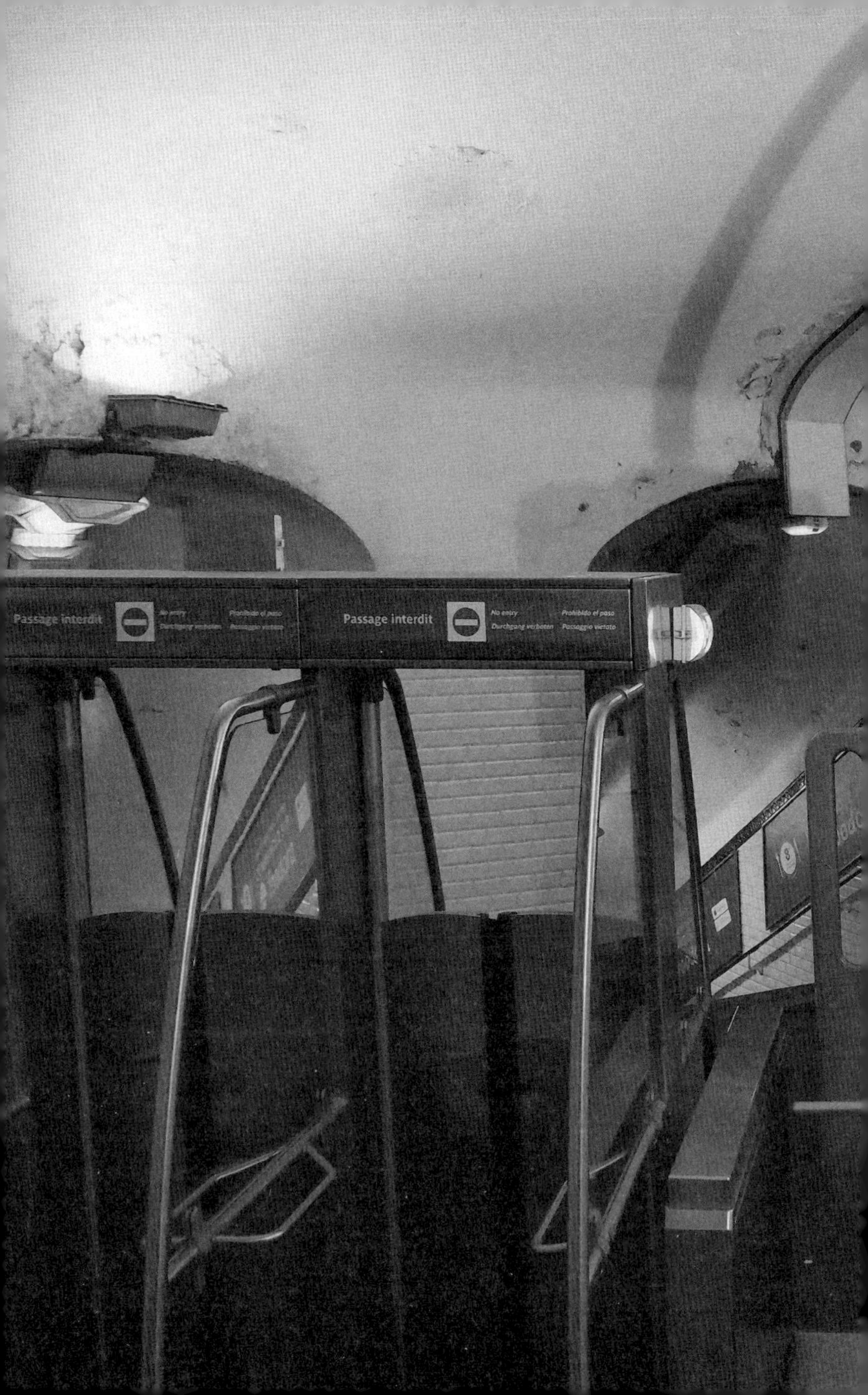

Passage interdit   No entry   Prohibido el paso
Durchgang verboten   Passaggio vietato
Passage interdit   No entry   Prohibido el paso
Durchgang verboten   Passaggio vietato

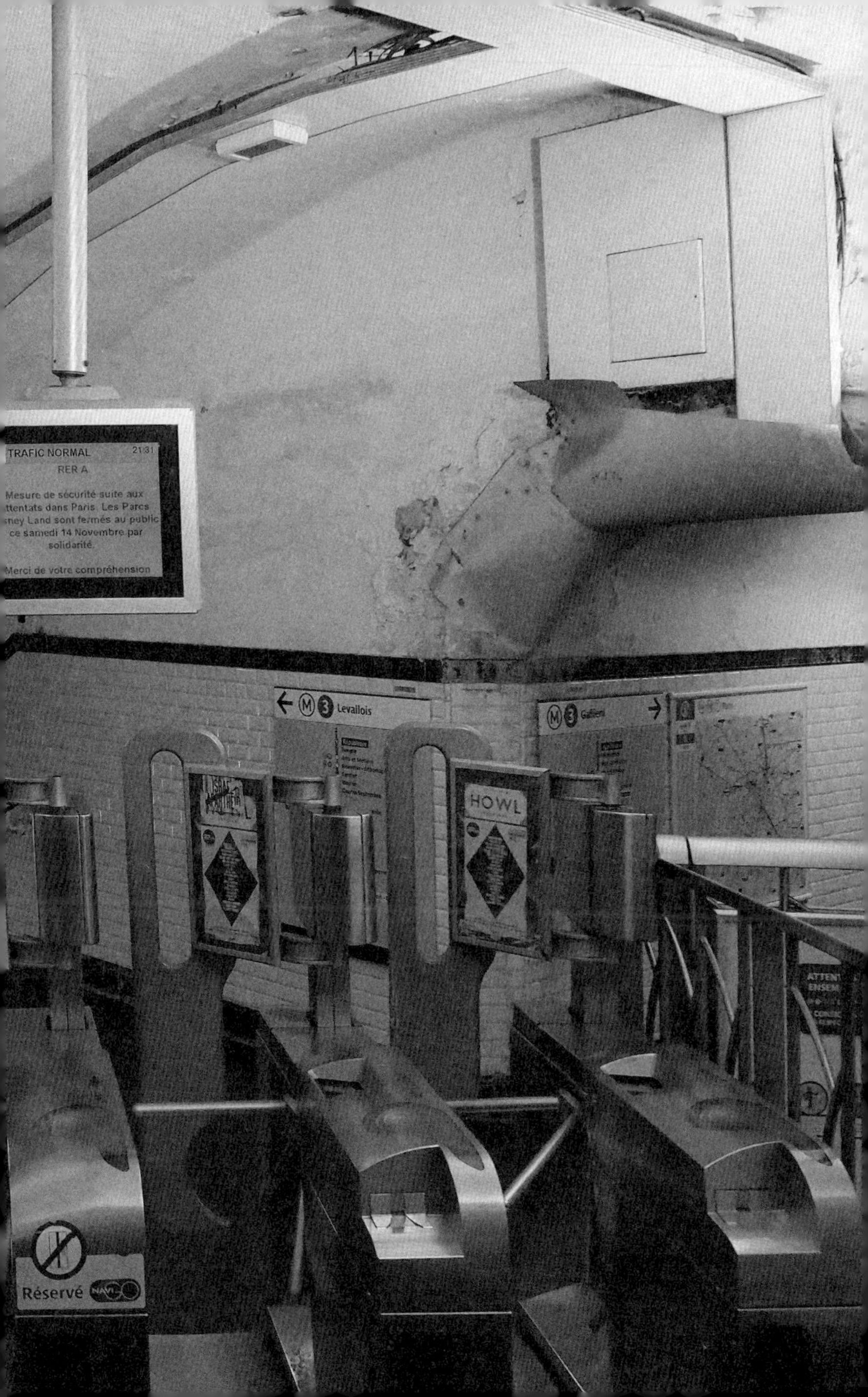
TRAFIC NORMAL   21:31
RER A
Mesure de sécurité suite aux
attentats dans Paris. Les Parcs
sney Land sont fermés au public
ce samedi 14 Novembre par
solidarité.
Merci de votre compréhension
M 3 Levallois
M 3 Gallieni
HOWL
Réservé

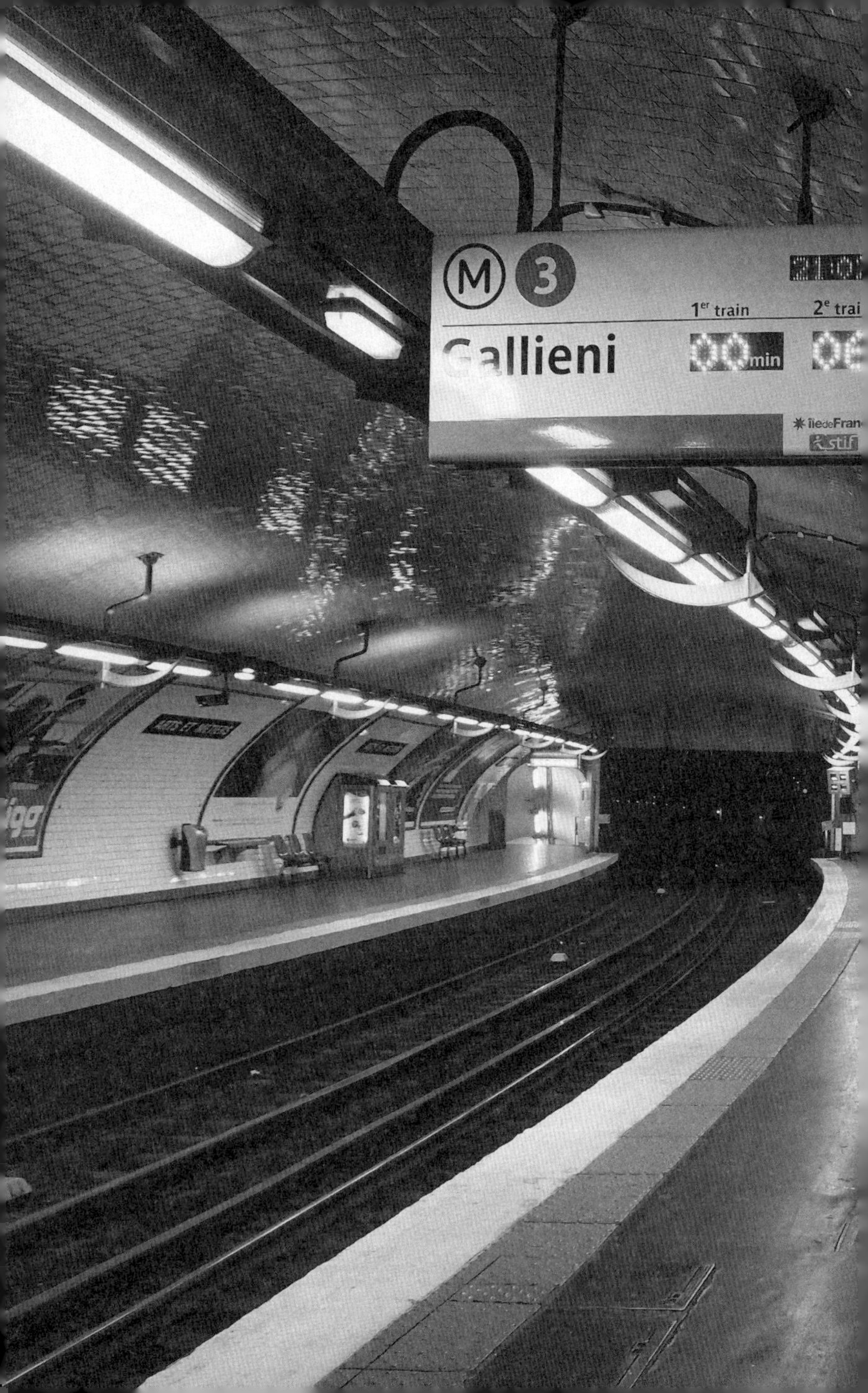
M 3
Gallieni
1er train   2e train
00 min   06
île de France
stif

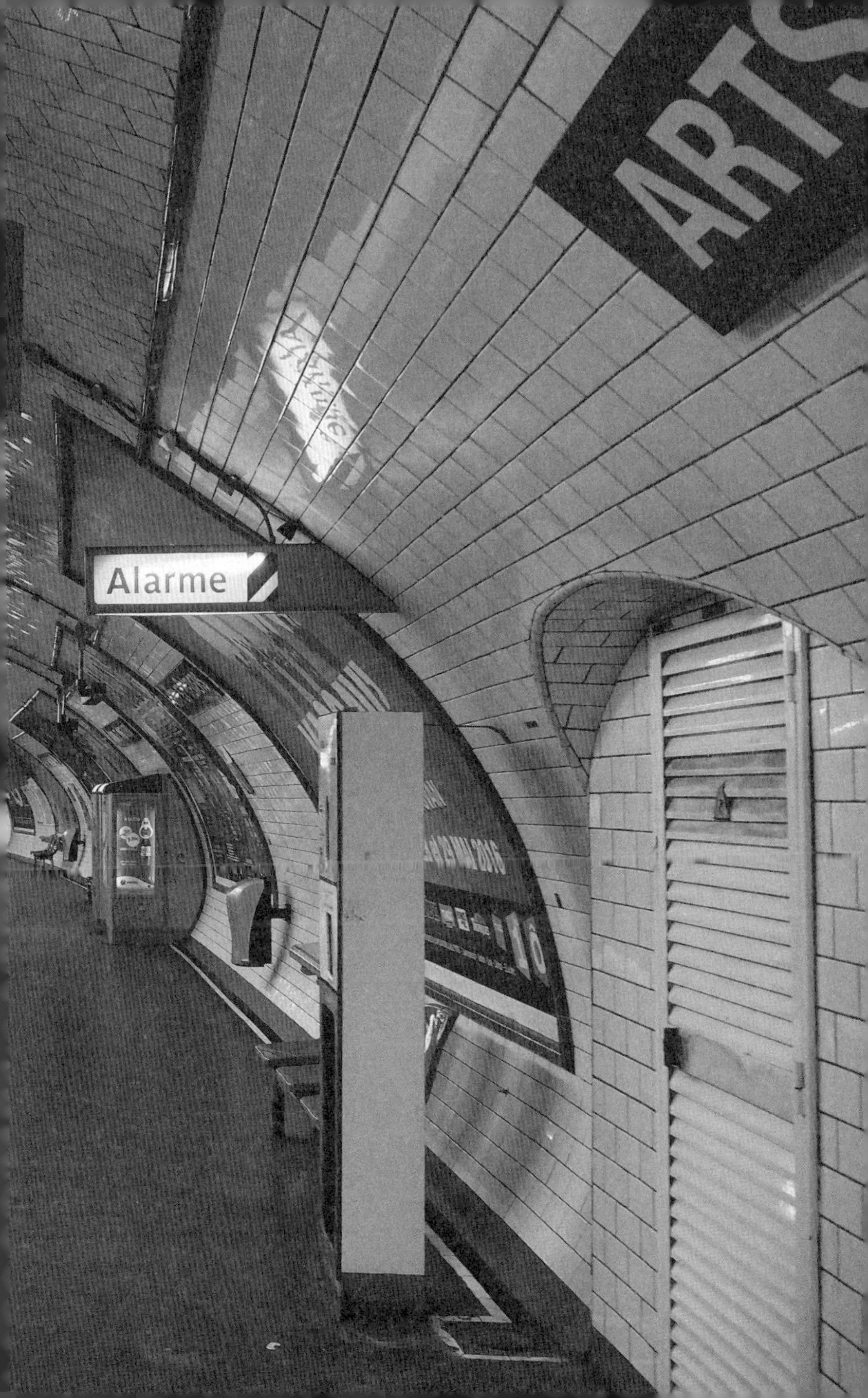

ARTS
Alarme

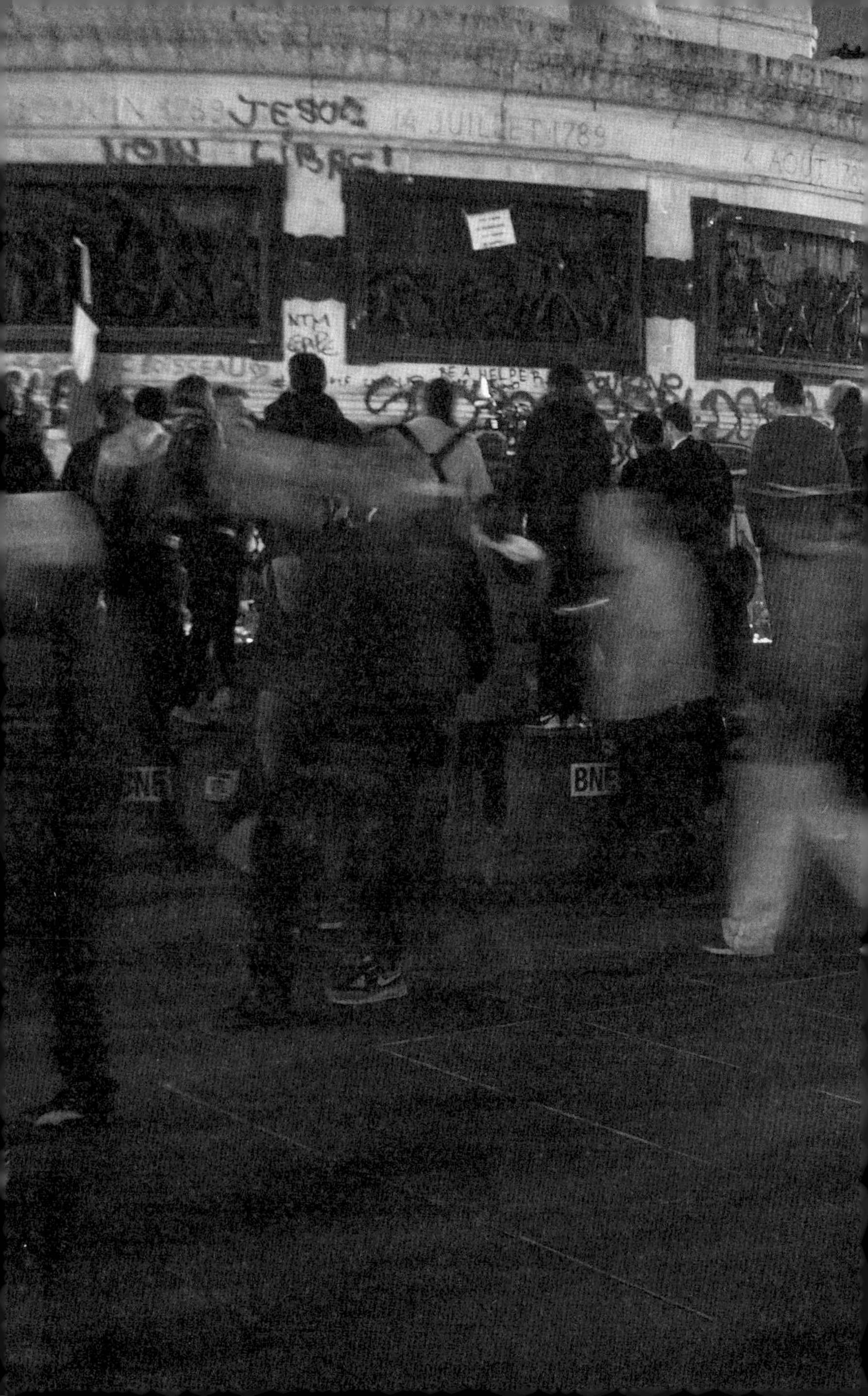

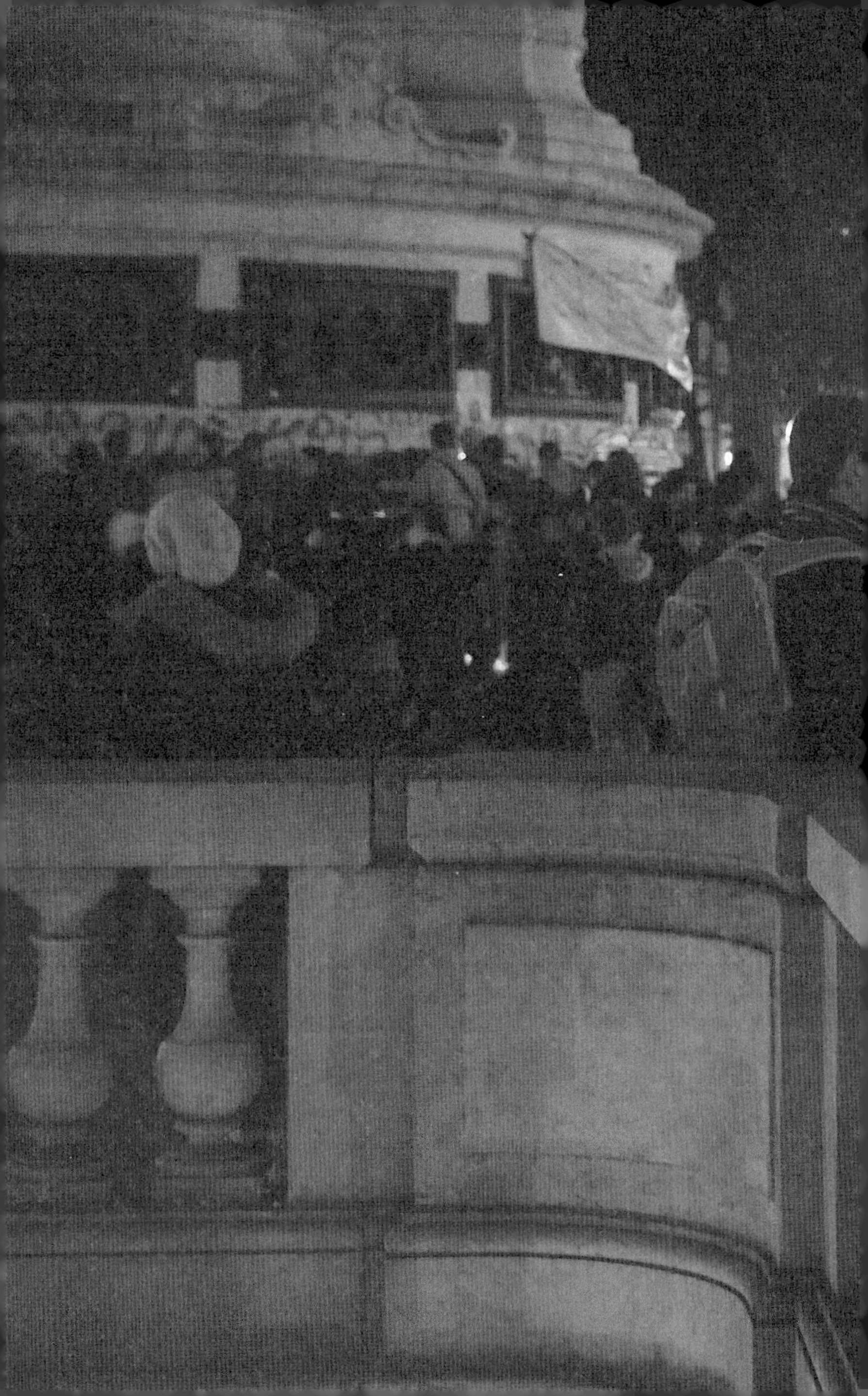

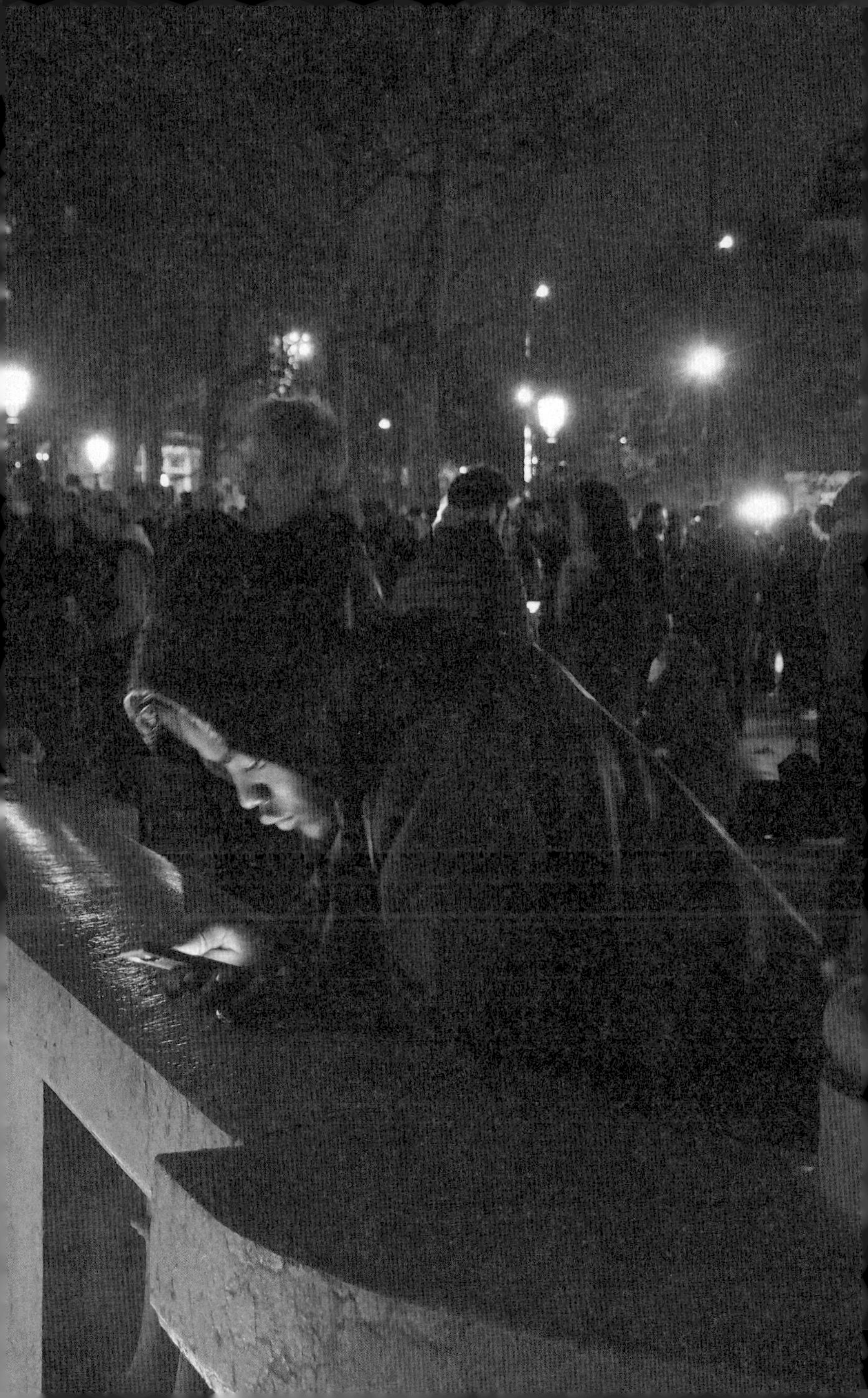

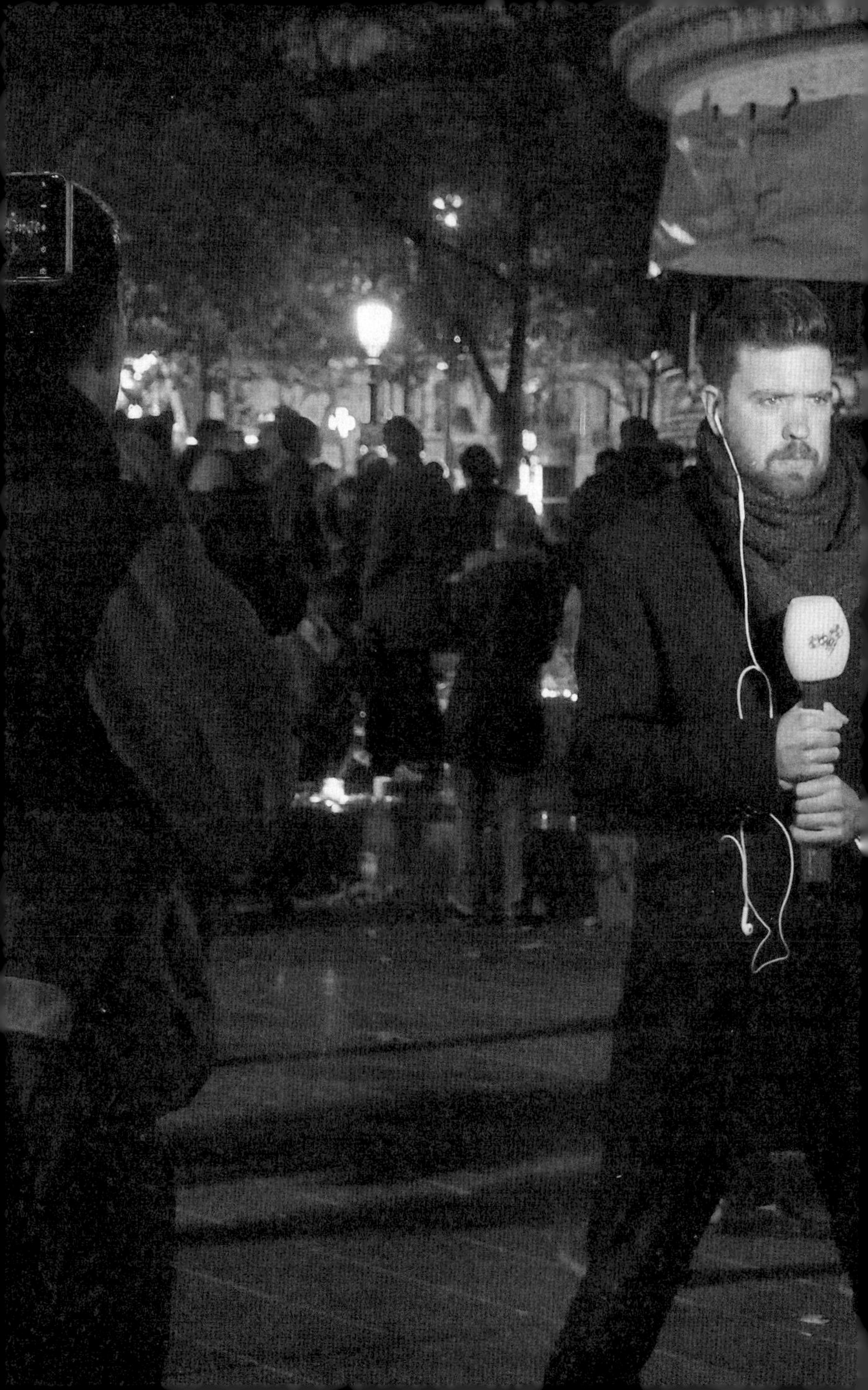

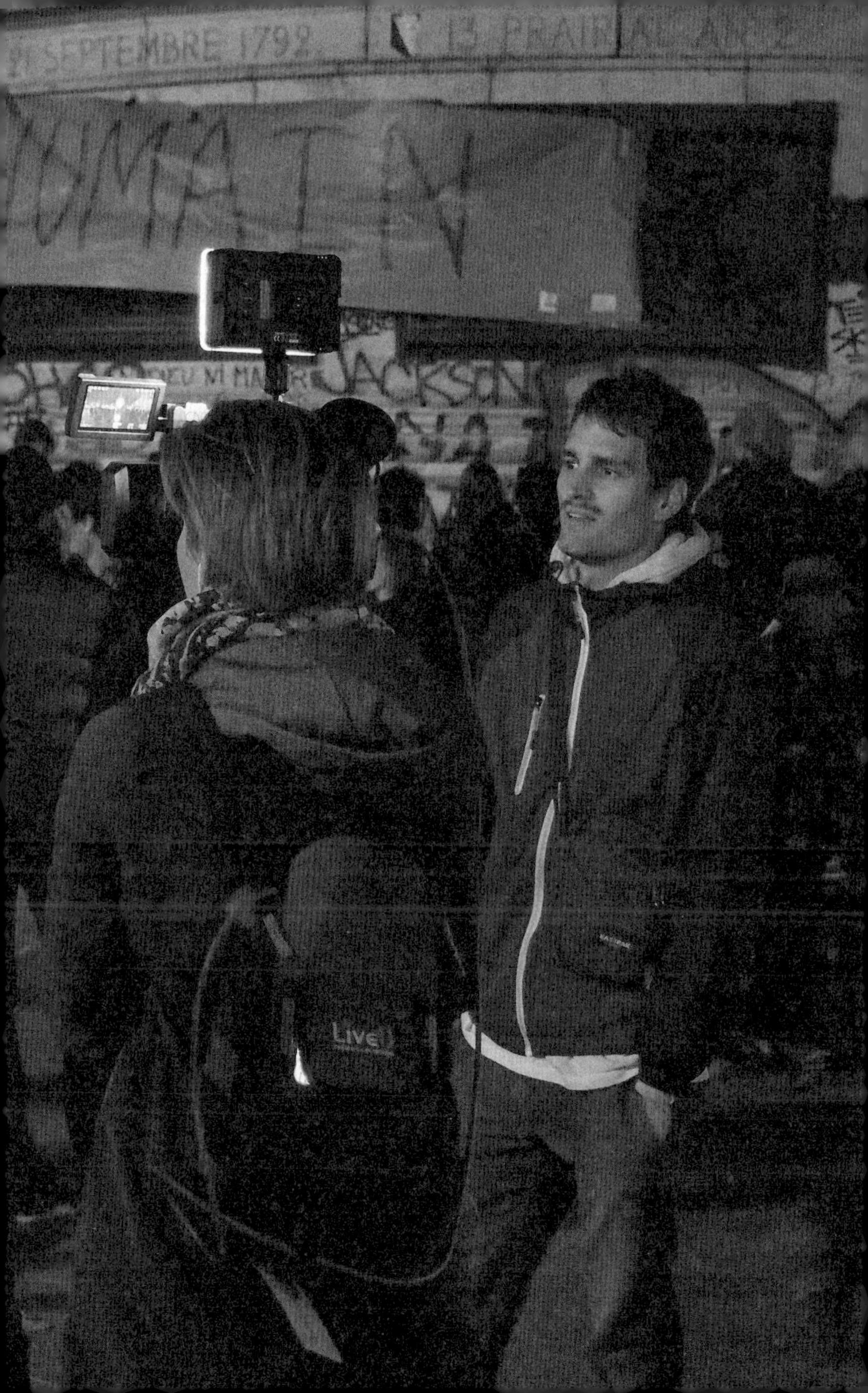

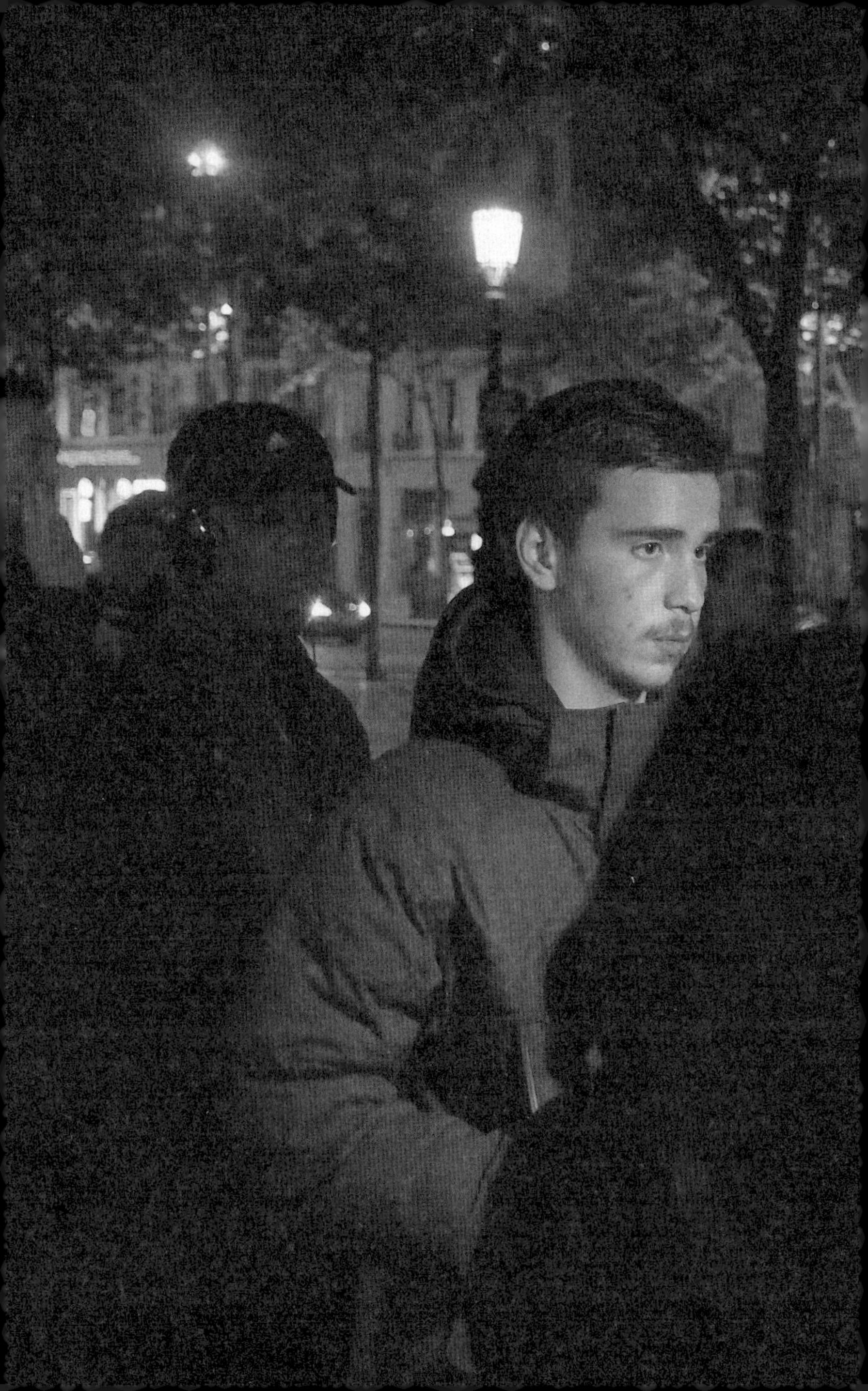

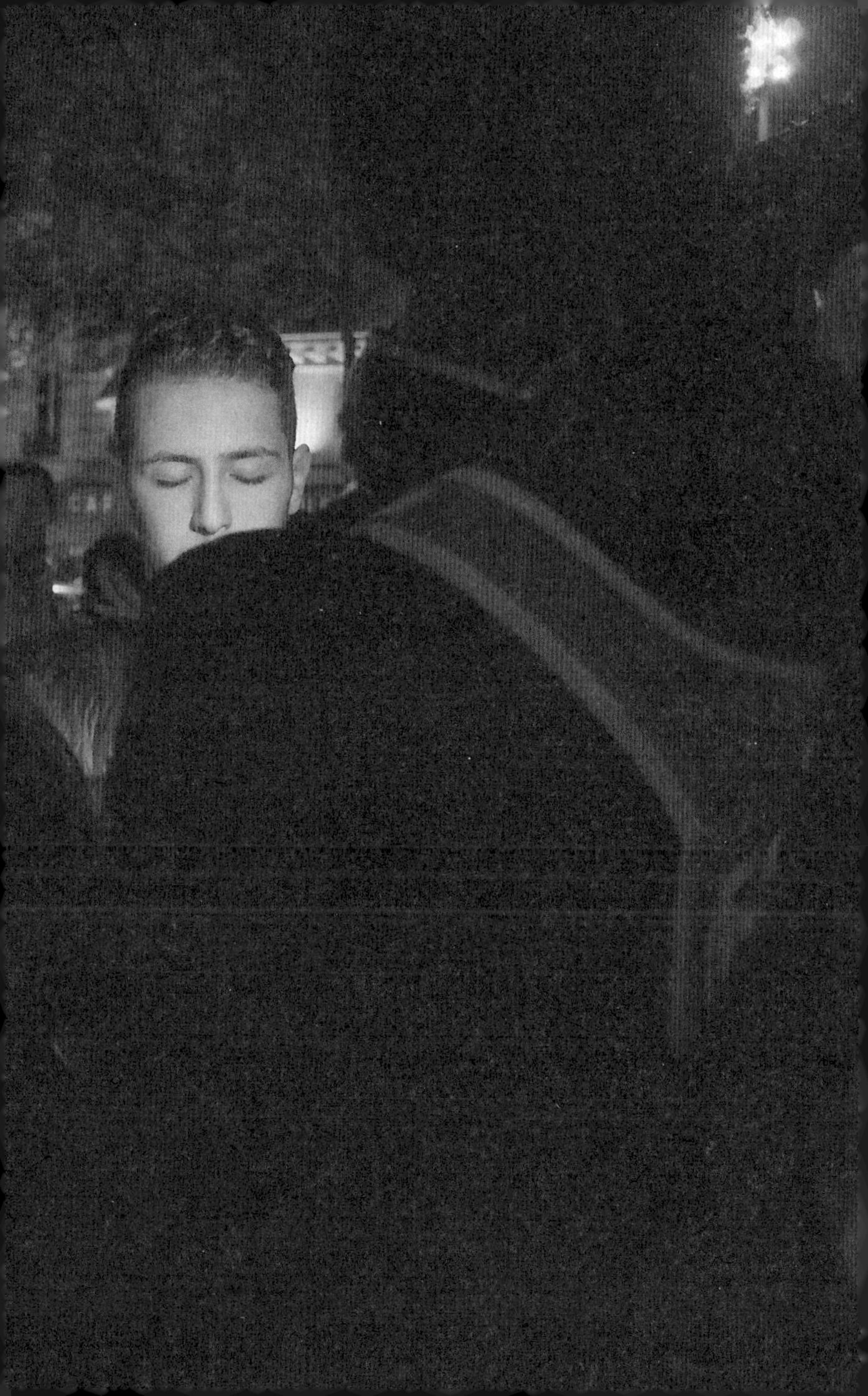

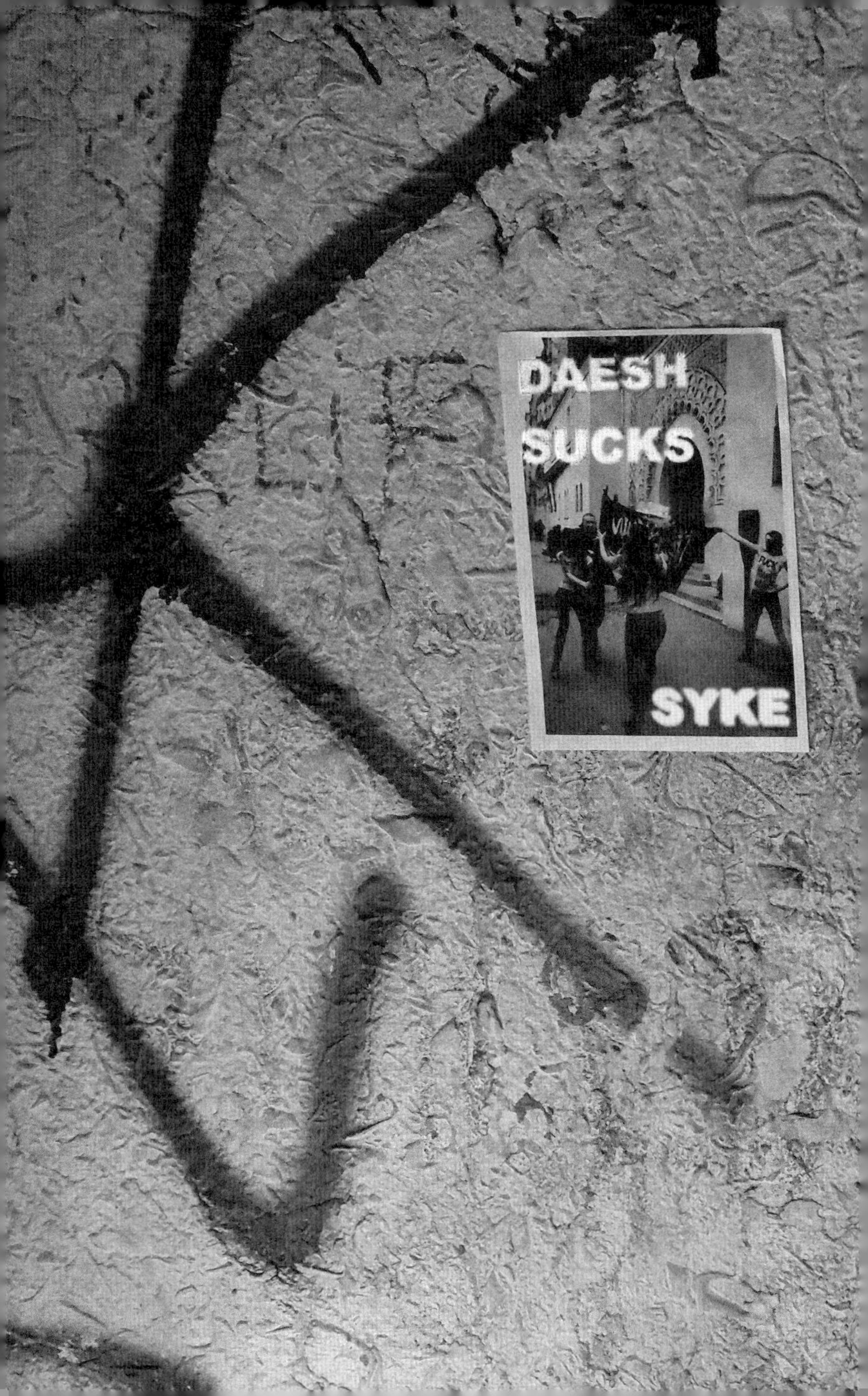

DAESH
SUCKS
SYKE

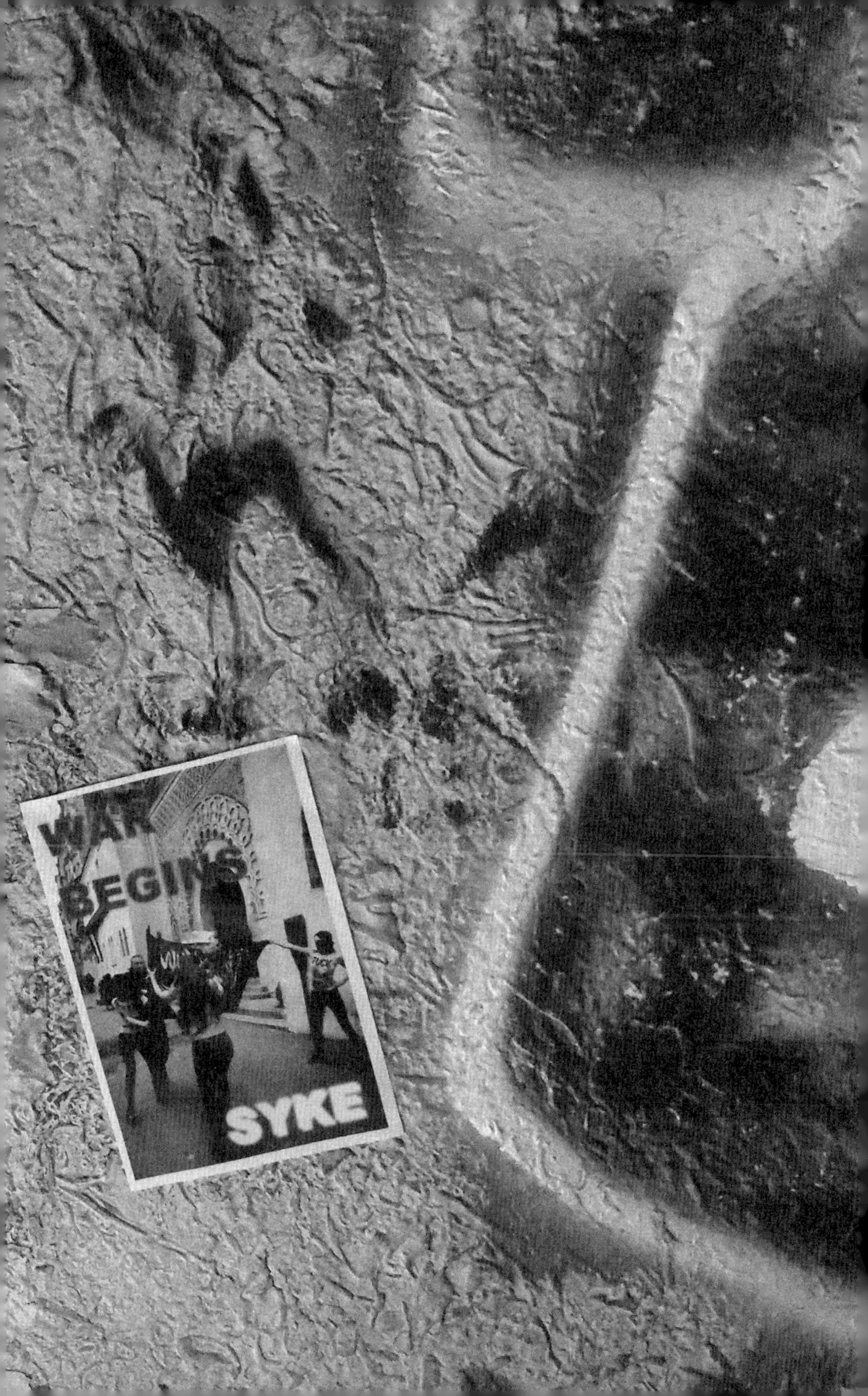

WAR
BEGINS
SYKE

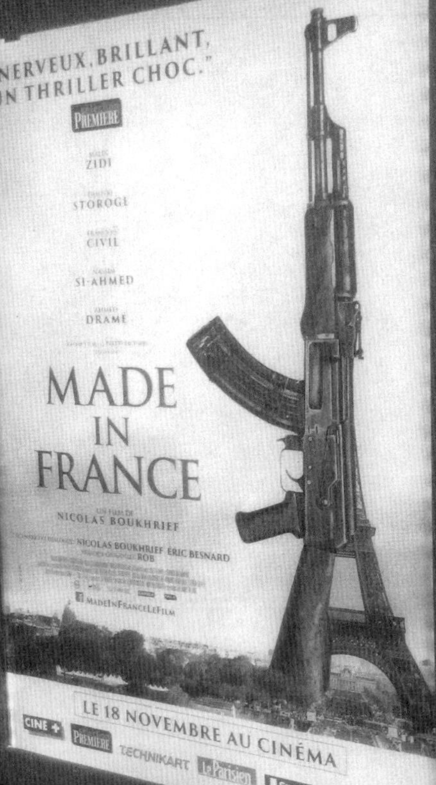
"NERVEUX, BRILLANT,
UN THRILLER CHOC."
PREMIÈRE
ZIDI
STOROGE
CIVIL
SI-AHMED
DRAMÉ
MADE
IN
FRANCE
UN FILM DE
NICOLAS BOUKHRIEF
NICOLAS BOUKHRIEF ÉRIC BESNARD
ROB
MADEINFRANCELEFILM
LE 18 NOVEMBRE AU CINÉMA
CINE
PREMIÈRE
TECHNIKART
Le Parisien
SensCritique
Skyrock

BETTINA LOCKEMANN:

ÉTAT D'URGENCE: PARIS, 14 NOVEMBRE 2015

PUBLISHED BY SPECTOR BOOKS / WWW.SPECTORBOOKS.COM /
PHOTOGRAPHY AND CONCEPT: BETTINA LOCKEMANN /
GRAPHIC DESIGN: SPECTOR BUREAU, LEIPZIG /
PRINTING: FRITSCH DRUCK GMBH, LEIPZIG /
© BETTINA LOCKEMANN AND SPECTOR BOOKS, LEIPZIG 2016 /
PRINTED IN GERMANY

ISBN 978-3-95905-092-0